Adelhard Böttger
Walter Nitsche

Partnerwahl -
„um Gottes Willen"

Adelhart Böttger
Walter Nitsche

Partnerwahl -
„um Gottes Willen"

Biblische Prinzipien zur
Partnerwahl und Partnersuche

CIP-Kurztitelaufnahme der Deutschen Bibliothek

Böttger, Adelhart / Nitsche, Walter:
Partnerwahl - „um Gottes Willen" - Biblische
Prinzipien zur Partnerwahl und Partnersuche
Hammerbrücke: concepcion Seidel 1999
ISBN 3-933750-12-1
NE:GT

1. Auflage 1999
© 1999 concepcion SEIDEL Verlag 08269 Hammerbrücke
Gesamtherstellung: Satz & Druck Atelier Seidel & Seidel, Auerbach
Fotonachweis: Titelbild: Marius Körner
Bestellnummer: 640.312

ISBN: 3-933750-12-1

Inhaltsverzeichnis

„Falls jemand von euch nicht weiß,
was der Wille Gottes in einer bestimmten Sache ist,
soll er um Weisheit bitten.
Ihr wisst doch, wie reich Gott jeden beschenkt
und wie gern er allen hilft..."
Jakobus 1,5

„Herr, zeige mir,
welchen Weg ich einschlagen soll,
und lass mich erkennen, was du von mir willst!
Schritt für Schritt lass mich erfahren, dass du zuverlässig bist.
Du bist der Gott, der mir hilft..."
David in Psalm 25,4+5

„Würden nur 30% mehr
an Engagement und Vernunft
bei der Partnerwahl aufgewendet werden,
dann würden sich die Wartezimmer
der Ehetherapeuten um 60% leeren."
Dr. Richard White

„Drum prüfe, wer sich ewig bindet..."

Die Ehe eines Christen stellt einen Bund zu dritt dar: die gläubigen Ehepartner und Gott. Das ist der Kern im Wesen einer christlichen Ehe. Trotzdem fehlt es nicht an Problemen und notvollen Situationen, die viele christliche Ehen ins Wanken geraten ließen. Tatsächlich hätten sich zahlreiche Paare Kummer und leidvolle Erfahrungen ersparen können, wären sie schon zur Zeit der Partnersuche und Partnerwahl von biblischen Richtlinien und Grundsätzen ausgegangen, die bei diesem Thema nicht übersehen werden dürfen.

„Der Wahn ist kurz, die Reu ist lang..." schreibt Schiller in seinem „Lied von der Glocke", „drum prüfe, wer sich ewig bindet, ob sich das Herz zum Herzen findet..." Ein auch für Christen empfehlenswerter Ratschlag.

Ein Christ sollte sich bei seiner Partnerwahl an Gottes Wort orientieren. Hier findet er praktische Wegweisungen und Prinzipien, die ihm als Hilfe gegeben sind, in einer gottgemäßen Art und Weise Fragen seiner Partnerwahl zu überprüfen. Durch dieses fragende Prüfen anhand der Heiligen Schrift wird der Christ Schritt für Schritt zur inneren Überzeugung und Sicherheit geführt werden, die er als Grundlage für seine Partner-Entscheidung benötigt.

„Dein Wort ist meines Fußes Leuchte und ein Licht auf meinem Weg" - so lautet die Zusage in Psalm 119,105.

Was soll überhaupt geprüft werden?

Stellen Sie sich vor, „Mister Klugi" will mit seinem BMW eine weite Reise unternehmen. Und nun prüft er den Stand der Sonne, die Windrichtung, Windstärke und studiert intensiv das Barometer an seiner Hauswand. „Völlig daneben!" werden Sie richtigerweise bemerken. „Mister Klugi" sollte lieber den Ölstand seines Autos und den Reifendruck überprüfen. Außerdem sollte er nachschauen, ob sich genügend Benzin im Tank befindet und gegebenenfalls noch den Verkehrsfunk hören. Diese Kriterien wären bezüglich seines Vorhabens angebracht. Windrichtung und Einfallswinkel der Sonnenstrahlen mögen „Mister Klugi" zwar interessieren, haben jedoch kaum einen praktischen Wert für seine Reise.

Prüfungskriterien müssen also sinnvoll sein, müssen dem Ziel eines Vorhabens entsprechen.

„Ich will nicht die Katze im Sack kaufen", stellte ein junger Mann bei einer Diskussionsrunde zum Thema „Partnerschaft" kategorisch fest und meinte damit, dass er mit einer möglichen Partnerin zuerst sexuellen Verkehr haben möchte. Er müsse doch schließlich „prüfen", ob man zusammenpassen würde...
Eine etwas verwirrt wirkende Dame erklärte dagegen, sie würde vor einer Heirat zuerst einmal die finanziellen Verhältnisse ihres „Zukünftigen" unter die Lupe nehmen wollen... „Das ist doch alles Unsinn", entgegnete ein Gesprächsteilnehmer, schließlich seien doch die psychologischen Umstände weitaus bedeutsamer, um Prüfkriterien für das Thema Partnerschaft abgeben zu können. „Und welche meinst du?" fragte eine etwa 30jährige, alleinstehende Krankenschwester. „Nun, zum Beispiel: Gegensätze ziehen sich an. Man muss sich doch richtig ergänzen können! Darauf würde ich größten Wert legen." „Ich würde aber lieber nach dem Grundsatz entscheiden", meinte die Krankenschwester „gleich zu gleich gesellt sich gern. Wenn man sich

nicht ähnlich ist, lebt man sich mit der Zeit auseinander. Stimmt doch, oder nicht?!"

Diese Diskussionsrunde spiegelte die allgemeine Meinungsvielfalt, Unterschiedlichkeit, ja sogar Verwirrung beim Thema Partnerwahl und die damit zusammenhängenden Kriterien wider. Was stimmt nun? Worauf legen Sie, liebe Leserin, lieber Leser, Wert? Was ist Ihnen wichtig? Sind dies Prioritäten, die das Wesen der Partnerschaft berühren oder eher Nebensächlichkeiten? Wir müssen uns folglich zuerst klar darüber werden, was überhaupt geprüft werden soll und worin die biblischen Prioritäten und Massstäbe bestehen.

Gebrauchen wir dazu einen bildhaften Vergleich: Sie möchten in einem Boot mit einer Partnerin oder einem Partner über einen großen See rudern. Ziel ist „das andere Ufer", die Reise dauert normalerweise ein Leben lang „bis dass der Tod euch scheidet..." Dabei würden Sie doch vor allem auf zweierlei achten:

a) das gemeinsame Ziel und
b) Harmonie beim Rudern

Ähnlich verhält es sich auch in einer erfüllten Partnerschaft. Diese beiden Aspekte sollten von erstrangigem Interesse sein. Alles andere ist zweitrangig oder gar bedeutungslos.

Das gemeinsame Ziel

Angenommen Sie würden versuchen - um bei unserem bildhaften Vergleich zu bleiben - das Boot nach Nordwesten zu steuern, Ihr Partner visiert dagegen eine östliche Richtung an. Welch ein Krampf! Da würde doch die Bootsreise zum gemeinsamen Frust werden, zur ständigen Last, die sich in Unzufriedenheit, Streit, Ärger, Groll und Bitterkeit niederschlagen würde - bis es vielleicht sogar einer von Ihnen nicht mehr aushalten und aus dem Boot springen würde.

Damit eine Ehe keine Last, kein deprimierender Krampf wird, sollte vorher die Frage des gemeinsamen Zieles geklärt werden. Was bedeutet für uns überhaupt Ehe? Warum wollen wir sie führen? Was sehen wir als Ziel und Sinn unserer Ehe an?

Genügt die gemeinsame Überzeugung, dass man es sich im Leben „einfach wohlergehen lassen möchte" oder zusammen Briefmarken sammeln will? Die erste Meinung wäre zu verschwommen, gelingt in der Praxis nicht, weil es an Konkretem mangelt. Die zweite Überzeugung bliebe an der Oberfläche und schafft daher keine echte Harmonie, denn ein Eheleben kann niemals fundamental aus Briefmarkensammeln bestehen. Die gemeinsamen Überzeugungen müssen also die Grundfragen des Lebens betreffen, müssen Ziel, Sinn und Wert der eigenen Existenz mit einbeziehen.

Ehe zu viert - oder zu dritt?

Wie eingangs bereits erwähnt sollten Christen ihre Ehe als einen Bund zu dritt führen wollen: die beiden Ehepartner und Gott. Häufig versucht man, eine Ehe zu viert zu leben: die beiden Ehepartner und jeweils ihre Traumgebilde! Oft nimmt ein

Ehepartner seinen sehr konkreten, fest fixierten persönlichen Traum von Ehe mit ins Eheleben hinein. Der andere ebenso, und so reiben sich vor allem zwei unvereinbare Traumgebilde aneinander und bescheren den beiden „Träumenden" Unzufriedenheit, Groll und Enttäuschung. Ent-Täuschung ist stets das Ende einer Täuschung. Wer keinem falschen Traum nachsinnt, sich also nicht täuscht, kann schwerlich ent-täuscht werden. Man kann nicht mit seinem Traum eine erfolgreiche Ehe führen: „Wenn du dich ernstlich vermählen willst, trenne dich von deinem Traum", schreibt Michael Quoist.

Die eigenen Vorstellungen, Träume und Visionen sollten ersetzt werden durch den Willen Gottes. Was will Gott mit unserer Ehe? Was bedeutet für Ihn eine Ehegemeinschaft? Worin besteht Sein Ziel und Sein Sinn mit unserer Ehe? Auf diesem Weg kommt geistliche Harmonie auf - das Fundament einer glücklichen, erfüllenden Ehebeziehung!

Diese primären Fragen prägen nämlich meine alltäglichen Entscheidungen. Ob ein Mensch im Alltag mit Gott rechnet, ob er sich darauf einstellt, sich einmal vor dem allmächtigen Schöpfer verantworten zu müssen oder nicht, beeinflusst verständlicherweise sein Verhalten und die Ausrichtung, die er dem persönlichen Leben geben möchte. Ob er gar sein Leben nach Gottes Massstäben ausrichten möchte oder nicht, ob er die Bibel als Wort Gottes ernst nimmt oder lieber versuchen möchte, Schmied seines eigenen Glückes zu sein - all dies sind tragende Pfeiler einer geistlichen Haltung, bei der ein Paar zur harmonischen Übereinkunft gelangen sollte.

Erika und Michael - ein Fallbeispiel

Michael hielt nicht viel von Glaubensdingen. Der Gretchenfrage „Wie hältst du es mit der Religion?" wich er lieber aus, als sich engagiert damit auseinanderzusetzen. Beim Studium an der Uni lernte er Erika kennen. Beide halfen sich gegenseitig, den Lehrstoff zu bewältigen, was zur Folge hatte, dass sie sich bald näher kennen und schätzen lernten. Erika und Michael harmonierten tatsächlich wunderbar. Beide hatten sie sich zum Medizinstudium entschieden, auch waren sie sich in ihrem sozialen Engagement einig, konnten stundenlang über ihren gemeinsamen „Herzenswunsch" miteinander sprechen: den medizinischen Hilfsdienst in einem Land der Dritten Welt. Jeder hatte bereits ausführliche Informationen darüber gesammelt und Kontakte geknüpft, die nun auch dem andern zugänglich gemacht, beurteilt, eingeordnet und diskutiert wurden.

Erika und Michael wurden gute Freunde, gewannen sich lieb und - hätten sehr gerne ans Heiraten gedacht, wenn nicht dieser eine Punkt gewesen wäre, den Erika anfänglich verschwieg: Sie gehörte den Zeugen Jehovas an. Und wegen ihrer Glaubensüberzeugung durfte sie nur einen Zeugen Jehova heiraten bzw. mit ihm befreundet sein. Dass Erika gegen ihre eigene Glaubensüberzeugung handelte, indem sie eine Freundschaft mit Michael einging und pflegte, bereitete ihr natürlich ein schlechtes Gewissen und immer mehr seelische Spannungen.

Da Michael jeglicher religiösen Gemeinschaft gegenüber offen war, hoffte Erika insgeheim, auch Michael würde sich bald einmal ihrer Religion anschließen - und so wäre das Hindernis aus dem Weg geräumt gewesen.

Michael begann tatsächlich, Hefte und Bücher der Wachturm-Gesellschaft zu lesen, doch gleichzeitig fing er auch an, die Bibel zu lesen. Dabei stieß er selbst auf starke Widersprüche zwischen den Lehren der Heiligen Schrift und den Lehren, wie sie in den Schriften der Zeugen Jehovas dargestellt wurden. Als er daraufhin sogar die Geschichte der Zeugen Jehovas studierte, mit all ihren entsetzlich falschen Voraussagen und Verdrehungen - da entschied er sich ganz bewusst gegen diese religiöse Gemeinschaft, weil er sich sonst intellektuell unredlich vorgekommen wäre.

Die Gefühlsbindungen und Abhängigkeiten zwischen Erika und Michael waren inzwischen jedoch sehr stark geworden. Erika bekam Schwierigkeiten mit ihren Eltern, die auch Mitglieder der Zeugen Jehovas waren, und wurde von ihrer Religionsgemeinschaft ausgeschlossen, als bekannt wurde, dass sie sich mit Michael (diesem „Anti-Zeugen-Jehova") verloben wollte.

Trotzdem heirateten Erika und Michael. Doch die Ehe zerbrach. Erika war zwar kein Aktivmitglied, aber in ihrer geistigen Ausrichtung immer noch eine gläubige Zeugin Jehovas geblieben. Für sie bedeutete dies faktisch, dass sie in einem sündhaften Kompromiss lebte, dass sie Michael eigentlich gar nicht hätte heiraten dürfen (so könne Gott auch keinen Segen dazu geben, glaubte sie), und somit war ihr geistiges Leben zum Scheitern verurteilt und verdammt.

Mit dieser Spannung konnte Erika auf die Dauer nicht leben. Sie verfiel in Depressionen und religiöse Wahnvorstellungen, bis sie schließlich in psychiatrische Pflege gebracht werden musste. Michael brachte dagegen keinerlei Verständnis für die innere Zerrissenheit von Erika auf. Auch unterließ er es, in seinen Bibelstudien fortzufahren, um Erika eventuell eine tragfähige Alternative aufzeigen zu können. Bald darauf ließen sie sich scheiden.

Es ist ein Trugschluss zu meinen, dass „die Liebe" alle gegensätzlichen geistigen oder religiösen Ausrichtungen zudecken würde. Nein, gerade die echte Liebe, die auf die inneren Bedürfnisse des andern höchsten Wert legt, muss darauf achten, dass eine zwischenmenschliche Beziehung nicht zu einem Fallstrick in der geistigen Ausrichtung eines Menschen wird. Seelische und körperliche Harmonie kann niemals wirklicher Ersatz für fehlende geistige oder religiöse Harmonie sein!

Erika und Michael hätten nur dann heiraten dürfen, wenn auch sie - wie Michael - davon überzeugt gewesen wäre, dass es richtig ist, die Lehre der Zeugen Jehovas abzulehnen. So jedoch verdrängte Erika einfach den geistlichen Bereich ihrer Persönlichkeit, was aber in einen untragbaren Zwiespalt führte. Michael verfiel dem fatalen Fehler, die geistliche Harmonie sekundär zu behandeln. Entweder hätte er selbst mit Überzeugung den Zeugen Jehovas beitreten müssen (was natürlich aus anderen Gründen nicht empfehlenswert gewesen wäre), oder er hätte so lange warten müssen, bis Erika sich auch innerlich von dieser Glaubensausrichtung hätte distanzieren können.

Was bedeutet „Christsein" im eigentlichen Sinne?

In unserem „christlichen Abendland" nennen sich die meisten Mitmenschen „Christen". Wenn wir jedoch vom Christsein sprechen, sollten wir uns zuerst vor Augen führen, was das Wort Gottes selbst unter einem „Christen" versteht. Die Bibel kennt nämlich kein „automatisches Christsein", durch Geburt in einem christlichen Elternhaus, durch religiöse Rituale wie Taufen, Einsegnen oder ähnliches.

Christ wird man - biblisch gesehen - auch nicht, weil man versucht „christlich" zu leben oder einen Konformationsschein besitzt oder eine christliche Jugendgruppe besucht.

Wenn man ein Fahrrad in eine Autogarage stellt, ist es noch lange kein Auto, und wenn eine Ziege in einem Pferdestall zur Welt kommt, bleibt sie immer noch eine Ziege und wird nicht automatisch zu einem Pferd. Genausowenig ist ein im „christlichen Abendland" geborener Mensch automatisch ein Christ, mag das Elternhaus auch noch so „christlich" sein.

Gott selbst sagt uns in seinem Wort, wie man im eigentlichen Sinne Christ wird: *„Wegen unserer Sünden waren wir in Gottes Augen tot. Doch er hat uns so sehr geliebt, dass er uns mit Christus neues Leben schenkte. Haben wir das verdient? Niemals! Das verdanken wir allein der Gnade Gottes. Durch den Glauben an Christus sind wir dem Tod entrissen und haben einen Platz in Gottes Reich"* (Eph. 2,5+6).

„Die ihn aber aufnahmen und an ihn glaubten, denen gab er das Recht, Kinder Gottes zu sein. Das wurden sie nicht, weil sie zu einem auserwählten Volk gehörten, auch nicht durch menschliche Zeugung und Geburt. Dieses neue Leben gab ihnen allein Gott" (Joh. 1,12+13).

Christ, also ein wirkliches Kind Gottes (nicht nur ein *Geschöpf Gottes*) wird man durch eine „geistliche Wiedergeburt", indem wir Jesus Christus als Herrn und Erlöser in unser Leben aufnehmen.

Bill Bright verdeutlicht dies an vier „Geistlichen Gesetzen":

1. Gott liebt Sie und hat einen Plan für Ihr Leben.

Christus sagt, er sei gekommen, um das Leben in seiner ganzen Fülle zu bringen; ein inhaltsreiches und sinnerfülltes Leben!

„Ich aber bringe allen, die zu mir gehören, das Leben - und dies im Überfluss" (Joh. 10,10).

Warum ist dieses Leben, diese innige Gemeinschaft mit Gott, den meisten Menschen als Realität nicht greifbar?

2. Der Mensch ist sündig, er ist von Gott getrennt.

Deshalb kann er die Liebe und den Plan Gottes für sein Leben weder erkennen noch erfahren.

„Denn darin sind die Menschen gleich: Alle sind Sünder und haben nichts aufzuweisen, was Gott gefallen könnte. Aber was sich keiner verdienen kann, schenkt Gott in seiner Güte: Er nimmt uns an, weil Jesus Christus uns erlöst hat. Um unsere

*Schuld zu sühnen, hat Gott seinen Sohn am Kreuz für uns ver-
bluten lassen. Das erkennen wir im Glauben, und darin zeigt
sich, wie Gottes Gerechtigkeit aussieht"* (Röm. 3,23-25).

Der Mensch wurde geschaffen, um in der Gemeinschaft mit
Gott zu leben. In seinem Eigenwillen entschied er sich gegen den
Schöpfer und wählte seinen eigenen, von Gott unabhängigen Weg.
Die Gemeinschaft mit Gott war zerstört. Dieser Eigenwille, den die
Bibel als Sünde bezeichnet, wird durch eine Haltung aktiver Auf-
lehnung oder passiver Gleichgültigkeit gekennzeichnet.

Gott ist heilig; der Mensch sündig. Zwischen beiden besteht
eine tiefe Kluft. Alle menschlichen Anstrengungen, diese Kluft
zu überwinden (durch gutes Leben, Philosophie, Religiosität
usw.) sind vergeblich und müssen scheitern.

Der dritte Punkt zeigt uns den einzigen Ausweg aus diesem Di-
lemma:

**3. Jesus Christus ist Gottes einziger Ausweg aus der Sünde
des Menschen. Durch ihn können Sie die Liebe Gottes und
seinen Plan für Ihr Leben kennenlernen und erfahren.**

Jesus starb stellvertretend für uns, er ist von den Toten aufer-
standen und somit der einzige Weg zu Gott.

*„Jesus antwortete: Ich bin der Weg, ich bin die Wahrheit, und
ich bin das Leben! Ohne mich kann niemand zum Vater kommen"* (Joh. 14,6).

Gott hat durch sein Handeln die Kluft überbrückt, die uns
von ihm trennt; er sandte seinen Sohn Jesus Christus, damit er
stellvertretend für uns sterben sollte.

**4. Wir müssen Jesus Christus durch persönliche Einladung
als Erlöser und Herrn aufnehmen. Dann können wir die Liebe Gottes und seinen Plan für unser Leben erfahren.**

Christus aufnehmen heißt u.a., sich von sich selbst weg- und
Gott zuwenden; es heißt, Christus zu vertrauen, dass er in unser
Leben eintritt, wenn wir ihn im Gebet darum bitten, dass er un-

sere Sünden vergibt (weil er dafür am Kreuz gestorben ist), und dass er uns so umgestaltet, wie Gott uns haben will. Den Ansprüchen Christi nur intellektuell zuzustimmen, ist ebenso unzureichend wie eine bloße Gefühlsregung.

„Unser Leben ist mit vielen Aktivitäten angefüllt", meint Bill Bright weiter (in „Kennst du den Plan?"), „zum Beispiel Geschäfts- und Familienleben, Finanzen, Reisen, soziale Verpflichtungen usw. Vieles ist zusammenhangslos und sinnlos. Jesus möchte in unser Leben eintreten, um es zu ordnen und um Sinn und Erfüllung zu schaffen. Er möchte Ihre Sünden vergeben, Ihren Charakter verändern und die Kluft zwischen Ihnen und Gott durch sich selbst überbrücken. Er möchte nicht als Gast in Ihr Leben kommen, sondern als Herr und Gott, um Ihr Leben zu führen.

In Ihrem Leben befindet sich ein Thron, der in den vergangenen Jahren von Ihnen selbst, von Ihrem ICH besetzt war. Jetzt wartet Christus darauf, dass Sie ihn bitten, diesen Thron einzunehmen. Sie selbst müssen dann von diesem Thron heruntersteigen und Christus die Herrschaft über Ihr Leben anvertrauen.

Deutlich sichtbar wird dieser Unterschied eines von Christus beherrschten Lebens in der Ehe. Nach dem bekannten Soziologen der Harvard Universität, Dr. Pitirim Sorokin, wurden in den USA in den vergangenen Jahren zwei von fünf Ehen geschieden. In christlichen Ehen jedoch, wo die Familie gemeinsam die Bibel liest und miteinander betet, wurde nur *eine* Scheidung in 1015 Ehen registriert.

Woran liegt das? Die Antwort ist naheliegend. Die beiden ICH von Mann und Frau stehen gegeneinander. Reibereien und Uneinigkeit sind die Folge. Wenn Christus aber bei beiden im Mittelpunkt steht, wird das auf ein Minimum begrenzt, weil Christus nicht mit sich selbst in Konflikt gerät. Neben der Ehe wird natürlich auch jedes andere Gebiet des Lebens bereichert, wenn wir Christus die Herrschaft überlassen."

„Gehört jemand zu Christus, dann ist er ein neuer Mensch. Was vorher war, ist vergangen, etwas Neues hat begonnen" (2. Kor. 5,17).

Ein Mensch, der Christ werden möchte, kann ungefähr mit folgenden Worten mit Gott reden: „Mein Herr und Gott, Jesus Christus, bisher habe ich ohne dich gelebt. Ich habe gegen dich gesündigt. Ich danke dir, dass du am Kreuz die Strafe für meine Sünde getragen hast. Bitte, vergib mir meine Schuld. Ich öffne dir mein Leben und bitte dich, mein Herr und Erlöser zu sein. Übernimm die Herrschaft in meinem Leben und verändere mich so, wie du mich haben willst."

Wenn ein Mensch sich der Führung Jesu anvertraut hat, wird sein Leben geprägt von einem ganz bestimmten Stil: Es wird sein Wunsch sein, völlig unter dem Willen Gottes zu leben, damit sich Gottes Plan durch ihn verwirklichen kann, und dadurch Gottes Reich gebaut wird. Und dieses sollte grundsätzlich die christliche Partnerwahl bestimmen.

Gemeinsam Jesus nachfolgen

Ein entschiedener Christ, der persönlich eine Liebesbeziehung mit Jesus Christus pflegen und ihm nachfolgen will, sollte daher verständlicherweise einen gleichgesinnten Partner für eine Ehe suchen. In der Ehe wird man dann gemeinsam forschen, was der Wille Gottes für das persönliche Leben ist, wird man gemeinsam beten, sich über das Wort Gottes unterhalten, den Kindern wertvolle Impulse mitgeben und als gemeinsames christliches Vorbild dienen, sich gemeinsam in eine christliche Gemeinde integrieren, mitarbeiten, gemeinsam versuchen, das Evangelium zu verbreiten und sämtliche Lebensbereiche - Familie, Beruf, Finanzen, Freizeit, Urlaub - nach dem Willen Gottes zu gestalten.

Mit einem Nichtchristen als Ehepartner wäre dies alles nicht möglich. Eine solche Verbindung wäre von vornherein ein tiefgehendes Hindernis für ein Christenleben und eine unmögliche Voraussetzung für geistliche Einheit und Harmonie. Deshalb sagt uns auch die Bibel, dass die Eheschließung eines Christen *„im Herrn geschehen muss"* (1. Kor. 7,39).

Und in 2. Kor. 6,14 macht uns Gottes Wort nochmals klar: *„Macht nicht gemeinsame Sache mit Leuten, die nicht an Christus glauben. Gottes Gerechtigkeit und die Gesetzlosigkeit dieser Welt haben so wenig miteinander zu tun wie das Licht mit der Finsternis."* Oder mit den Worten einer anderen Bibelübersetzung: *„Geht nicht unter fremdartigem Joch mit Ungläubigen! Denn welche Verbindung haben Gerechtigkeit und Gesetzlosigkeit? Oder welche Gemeinschaft Licht mit Finsternis? Und welche Übereinstimmung Christus mit Belial? Oder welches Teil ein Gläubiger mit einem Ungläubigen?"* (Elberfelder, V.14+15)

Schon im Alten Testament stellte Gott klar, dass eine geistliche Gemeinschaft mit Andersdenkenden unmöglich und daher eine solche Verbindung abzulehnen ist: *„Und du sollst dich mit ihnen nicht verschwägern; du sollst deine Töchter nicht ihren Söhnen geben noch ihre Töchter für deine Söhne nehmen; denn sie werden deine Söhne von mir abwendig machen, dass sie andern Göttern dienen..."* (5. Mose 7,3+4). Wer eine Freundschaft, die zur Ehe führen soll, mit einem Nichtchristen bzw. Ungläubigen im biblischen Sinn eingeht, begibt sich auf einen Weg, den Gott nicht möchte, und bringt sich dadurch in große Gefahr.

„Aber", antwortete mir einmal ein gläubiges Mädchen, „mein Freund kann doch noch gläubig werden. Ich bemühe mich ja auch stets, ihm das Evangelium zu erklären".

Ich versuchte, diesem Mädchen zu verdeutlichen, dass Gottes Gebote stets das Beste für den Menschen wollen. Gott selbst weiß natürlich am besten wie trügerisch das menschliche Herz ist. In einer solchen Freundschaft wird der ungläubige Partner naheliegenderweise darauf bedacht sein, seiner gläubigen Freundin zu gefallen und daher auch dem Evangelium positiv gegenüberstehen. Doch auf seine Motive legt sich ein folgenschwerer Schleier: die Liebe zu diesem gläubigen Mädchen. Auch solch ein junger Mann kann nur dann zum echten Glauben an Jesus Christus, zu einer geistlichen Wiedergeburt kommen, wenn seine Beweggründe durch den Heiligen Geist auf das vollkommene Opfer Jesu gerichtet sind, wenn er die eigene Verlorenheit und Erlösungsbedürftigkeit erkennt und - fasziniert von der Liebestat auf Golgatha - sein Leben diesem Herrn und Erlöser in Dankbarkeit ausliefern und unterstellen möchte. Wie sollte ihm da eine Freundin Hilfe sein, die selbst die Ratschläge Gottes durch ihr Handeln abweist?

Außerdem hat schon manch ein Nichtchrist eine „Bekehrung" vollzogen, weil er erkannte, dass er nur so seine „gläubige" Freundin halten kann. Nach der Heirat wurde dann klar, dass es sich um eine „Scheinbekehrung" handelte, also einer „Bekehrung" mit völlig falschen Motiven, die natürlich nicht zur geistlichen Neuwerdung führte. Letztlich stand die gläubige Freundin einer echten Bekehrung im Weg .

Wer also für einen lieben Menschen, der Nichtchrist ist, das Beste will, der sollte mit ihm keine Partnerschaft eingehen, da er ihm dadurch ein Hindernis und schlechtes Vorbild für die wichtigste Angelegenheit im Leben ist: für die Neuwerdung in Christus. Diesem Menschen muss man zuerst den nötigen Freiraum geben, damit er sich wirklich aus Liebe zu Jesus bekehren kann.

Prüfen Sie also zuerst, ob der Mensch, für den Sie sich als Partner interessieren, ein wiedergeborener Mensch, ein gläubiger Christ ist.

Harmonie

Neben dem gemeinsamen Ziel, das man anvisieren möchte, sollten auch wichtige Aspekte der Harmonie beachtet werden. Die Frage nach der - vielleicht erst wachsenden - Harmonie in wesentlichen Bereichen ist ein entscheidender Prüfstein bei der Partnerwahl. „Hauptsache gläubig, alles andere ergibt sich dann schon" kann ein sehr folgenschwerer Trugschluß sein! Ein Christ sollte auch hier nach der Bibel vorgehen und Gottes Wort als ein „Licht auf dem Weg" der Partnerwahl anerkennen und gebrauchen. Daher wollen wir uns nun die Frage nach der Harmonie stellen im

- geistlichen Bereich,
- seelischen Bereich und
- körperlichen Bereich.

Der geistliche Bereich

Das Wort Gottes macht deutlich, dass es keinen Christen gibt, der absolut perfekt lebt (1. Joh. 1,8). Christen leben von der Vergebung und aus der Vergebung. Bei kompromissbereiten Christen kann der geistliche Bereich allerdings schwerwiegend gestört bzw. verschmutzt sein. Ein solcher Mensch kann sogar, obwohl er Christ ist, unbewusst als „Werkzeug Satans dienen" (2. Tim. 2,25+26). Denken wir nur an Christen, die voller Neid und Bitterkeit sind, Streit verursachen, indem sie Urteile über andere aussprechen, die eigentlich nur Gott zustehen; gläubige Menschen, die hochmütig wurden und dadurch statt warmherzige Liebe kaltes Pharisäertum ausstrahlen. Oder Christen, die bis zur Verblendung an unmoralischen Sünden festhalten (1. Kor. 5); oder Christen, die vielleicht geldgierig wurden, die sich immer mehr in den Sumpf von Lüge und Betrug begeben, die andere verleumden oder sogar unreife Christen an die eigene Person binden, sie ausnutzen und manipulieren.

So traurig es auch ist: das alles kommt in den christlichen Gemeinden vor - heute wie vor Hunderten von Jahren (vergl. z.B.: 3. Joh. 9 ff.).

Stellen Sie sich also im Hinblick auf Ihren Partner Fragen wie: „Toleriert er bewusst Sünde in seinem Leben oder ist er sich seiner Probleme bewusst und versucht diese anzugehen?" „Erkennt er seine Schwächen und Kompromisse und nimmt sie im Vertrauen auf Gottes Kraft in Angriff oder versucht er, sie zu übertünchen oder zu verdrängen?" „Hat er Jesus Christus nicht nur als Erlöser angenommen, sondern auch als Herrn, vor dem er Ehrfurcht haben möchte?" „Wird er vom Wunsch bewegt, Jesus Christus wirklich nachzufolgen?" „Sind ihm unsere verlorenen Zeitgenossen ein Anliegen; wird er von der Liebe Jesu gedrängt, das Evangelium auch bekanntzumachen oder streckt er sich nach einem bequemen, selbstzufriedenen Leben aus?" „Kann er vergeben oder holt er bereits Vergebenes wieder hervor?" „Kann er auch um Vergebung bitten oder ist er überzeugt, dass er immer recht hat?"

Müssen Sie bei solchen Fragen feststellen, dass sich bei diesem Christen doch ein kaputtes oder verschmutztes geistliches Leben herauskristallisiert, dann sollten Sie mit diesem Partner keine eheliche Verbindung und daher auch keine Partnerschaft anstreben. Auch wenn es Sie schmerzt: Lösen Sie Ihre Verbindung auf, und beten Sie dafür, daß sich dieser Mensch wirklich von Jesus Christus ergreifen läßt und seine Kompromisse in Angriff nimmt. Ein „Ende mit Schrecken" - so lautet ein Sprichwort - ist besser als ein „Schrecken ohne Ende".

Es sind oft tiefgehende Probleme, die einer ehrlichen, langmütigen Seelsorge bedürfen, wenn Christen in Kompromissen stecken, die sie gar nicht mehr wahrnehmen. Gerade Christen, die mit biblischer Vergebung Probleme haben, entpuppen sich in zwischenmenschlichen Beziehung (innerhalb und außerhalb einer Partnerschaft) als schwierige Zeitgenossen, die unbedingt seelsorgliche Betreuung brauchen. Kommt Stolz und Hochmut hinzu, wird diese Betreuung meist abgelehnt - die Früchte sind dann dementsprechend!

Wie bei einem Nichtchristen dürfen Sie auch in diesen Fall nicht meinen, Sie hätten den Auftrag diesen Menschen durch Ihre Partnerschaft näher zu Jesus Christus zu bringen. Ein fauler Apfel steckt bekanntlich den gesunden an - nicht umgekehrt. Und eine Partnerschaft, die zur Ehe führen soll, besitzt schlechte Voraussetzungen, wenn sie sich aufgrund einer seelsorglich-therapeutischen Verbindung entwickelt. Es gibt auch ein „geistliches Helfersyndrom", das genau so wenig als Basis für eine Partnerschaftsbeziehung geeignet ist wie das bekannte psychologische „Helfersyndrom".

Wie schmerzhaft ist es doch immer wieder, wenn man in der Eheberatung feststellen muss, dass sich ein Partner von vornherein mit einem völlig falschen und unnüchternen Optimismus in eine Partnerschaft begeben hat, bei der man dann - leider zu spät - feststellen musste, dass der andere, obwohl er auch Christ ist, im Grunde doch seine eigenen Ziele verfolgt und geistlich schwer gestört ist. Im Neuen Testament finden sich etliche Beispiele von Christen, die zumindest in Gefahr standen, eigene, „fleischliche" Wege zu gehen. So trifft man auch heute viele Christen an, die versuchen, am „eigenen Reich" zu bauen, an ihrer Institution, ihrer Gruppe, ihrem Image, ihren Wunschvorstellungen oder gar an ihrem Bankkonto.

Prüfen Sie also die geistlichen Ziele Ihres Partners! Prüfen Sie auch, ob Sie in derselben Gemeinde gemeinsam dienen können! Ich kenne den traurigen Fall eines Baptistenpredigers, dessen Frau jeden Sonntag, wenn ihr Mann auf der Kanzel steht, um Gottes Wort zu verkünden, ihren eigenen Mennoniten-Hauskreis besuchen muss, weil sie diesen „einfach braucht".

Viel Not und Leid herrscht in dieser Ehe - und auch die Kinder gehören zu den Leidtragenden.

Bei diesem Bereich muss man auch auf die geistlichen Aufgaben achten, die Gott den Eheleuten zugeordnet hat, und sich fragen, inwiefern der Partner diese Zuordnung Gottes auch annehmen möchte:

a) Der Mann als geistliches Haupt

„Nach Gottes Willen untersteht jeder Mann Christus, die Frau ihrem Mann, und Christus untersteht Gott" (1. Kor. 11,3).

Der Mann als „Haupt" unter dem „Haupt Christi" soll in einer Ehe die geistliche Führung übernehmen. Er ist es, der die Initiative zum Gebet zu ergreifen hat, zur Klärung eines peinlichen Problems oder zum missionarischen Aktivwerden.

„Führer sein" bedeutet nicht, Diktator zu sein; Herrscher, der stets die eigene Meinung durchdrückt. In einer Ehe kann nur jener Mann in der rechten Art und Weise die Führung übernehmen, der sich selbst unter das „Haupt Christi" stellt und danach trachtet, Jesus Christus zu gehorchen. Nur dann ist ihm selbst echte geistliche Führungs-Autorität eigen. Die Aufgabe, Führung zu übernehmen, birgt die Verpflichtung in sich, dies verantwortungsvoll und umsichtig zu tun, sich zu orientieren, ob man auch den rechten Weg einschlägt.

Interessant ist in diesem Zusammenhang, daß die Begriffe, die beim „Haupt sein und untertan sein" gebraucht werden, auch verwendet werden können, wenn verdeutlicht werden soll: Da möchte jemand einen andern „mit unter den Schirm nehmen". Also ähnlich wie in Psalm 91 die Geborgenheit beschrieben wird, die ein Kind Gottes „unter dem Schirm" des Allerhöchsten genießen darf.

Und so wie Gott die Seinen unter „seinen Schirm" nimmt, ihnen dadurch Schutz, Wärme, Liebe und Geborgenheit vermittelt, so soll auch der Mann seine Frau „unter seinen Schirm" nehmen, um ihr durch sein Haupt-Sein letztlich den Schutz und die Geborgenheit weiter zu vermitteln, die er selbst von Gott erfährt.

Wenn sich das Mann-Sein als frommes Macho-Gehabe ausdrückt, wenn sich ein Mann als Despot aufführt und selbst nicht bereit ist, sich Christus unterzuordnen, ist er auch nicht fähig, eine echte geistliche Führungsaufgabe zu erfüllen. Damit hält er einer biblischen „Partner-Prüfung" sicherlich nicht stand, und Sie sollten mit ihm keine Beziehung eingehen.

b) die Frau als hilfreiches Gegenüber

Die Frau soll nicht versuchen, über den Mann zu herrschen (1. Tim. 2,12), sondern bereit sein, sich der Führung des Mannes anzuvertrauen. Sie besitzt nach der Bibel eine hervorragende Stellung: denn durch sie erhält der Mann Ergänzung. Mit anderen Wort heißt dies, dass der Mann ein ergänzungsbedürftiges Wesen ist. Wenn die Frau die ihr von Gott zugeordneten Aufgaben übernimmt, wird die Beziehung zu einer „runden, effektiven Angelegenheit" werden.

Hier geht es also in erster Linie um eine Gesinnung, eine innere Haltung, die eine Frau dem Mann gegenüber einnehmen soll, woraus sich die Fragen ergeben: „Ist diese Frau bereit, auf Jesus Christus zu vertrauen und sich aus diesem Vertrauen heraus(!) auch mir anzuvertrauen, oder ist sie eine Nörglerin, die alles besser weiß, oder eine herrschsüchtige Person, bei der nur der eigene Wille zählt?"
Es geht nicht darum, daß die Frau einfach den Mund halten soll und den Mann entscheiden läßt. Nein, das wäre eine völlig

falsche, unbiblische Auffassung. In Sprüche 31,26 heißt es nämlich: *„Sie tut ihren Mund auf mit Weisheit."* Und Weisheit bedeutet, eine Situation mit Gottes Augen sehen und erfassen zu können. Diese Haltung möchte eine gläubige Frau einnehmen. Mit Gottes Weisheit das Beste für den Partner zu suchen, ihn zu ergänzen, so dass beide - Mann und Frau - von Gott besser gebraucht werden können.

Der seelische Bereich

Zwischen seelischem und geistlichem Bereich besteht verständlicherweise eine enge Wechselbeziehung. Störungen oder Belastungen im geistlichen Bereich werden im seelischen ihren Niederschlag finden. Doch möchten wir auch im seelischen Bereich nach biblischen Prinzipien vorgehen und uns die grundlegende Definition der Ehegemeinschaft in 1. Mose 2,24 genauer betrachten:

„Darum wird der Mensch seinen Vater und seine Mutter verlassen und seiner Frau anhangen und ein Fleisch werden."

Beachten wir dazu die drei Aspekte:
a) verlassen
b) anhangen
c) ein Fleisch werden

Verlassen

Wie realistisch die Bibel doch auch im Hinblick auf eine Partnerbeziehung ist! Da lesen wir zuerst überhaupt nichts von Spaziergängen im Mondschein, von Händchenhalten oder romantischem Kerzenlicht. Dies alles scheint nicht fundamental für den Aufbau einer guten Ehebeziehung zu sein, sondern das Prinzip *verlassen!*

Wie bei einem Neugeborenen ein Schnitt durch die Nabelschnur erfolgen muss, so müssen Eheleute ihre Eltern verlassen, um selbst größere Verantwortung für ihr Leben zu übernehmen. Die Geborgenheit des Elternhauses muß aufgegeben werden. Mann und Frau erklären damit: ich bin bereit, eine neue Gemeinschaft einzugehen, mich auf meinen Ehepartner auszurichten, gemeinsam mit ihm durch Höhen und Tiefen des Leben zu gehen und unseren Weg eigenverantwortlich zu gestalten.

Verlassen tut oft weh. Man ist dabei bereit für ein Opfer, bereit, die Seile zu kappen, die einen als Sohn oder Tochter ans Elternhaus gebunden haben. Verlassen bedeutet aber auch *loslassen*. Loslassen hat mit einer inneren Haltung zu tun. Der junge Mann, der bisher jeden Sonntagnachmittag auf dem Fußballplatz verbrachte, gibt diese Gewohnheit um der neuen Lebensgemeinschaft willen auf. Die junge Frau, die jeden Abend etwas anderes auf ihren Programm stehen hatte, plant auch ihre Aktivitäten anders, um Zeit für die Gemeinschaft zu haben. Oder man verzichtet auf manch teures Hobby, (um für den gemeinsamen Haushalt zu sparen, auf ausgiebige Reisen, das größere Motorrad und dergleichen). Der engagierte Bergsteiger verzichtet auf die tagelangen Touren mit seinen Kameraden, die begeisterte Tennis-Spielerin lässt das harte Training und den Ehrgeiz auf den Meistertitel los. Ja, die Frau gibt sogar ihren Nachnamen auf (heutzutage ist dies oftmals nicht mehr erforderlich), um den Namen des Mannes anzunehmen.

Verlassen heißt loslassen, Verzicht auf die Vorzüge des Junggesellenlebens, Verzicht auf die Vorteile des Single-Daseins. Vielleicht auch Verzicht auf eine bestimmte berufliche Karriere - bei Mann und bei Frau, um die Beziehung nicht allzu sehr zu strapazieren. Man nimmt oftmals auch einen Umzug in eine weit entfernte Stadt in Kauf, weil der Partner dort hauptberuflich den gemeinsamen Lebensunterhalt verdient. Wie die einzelnen Gegebenheiten auch aussehen mögen: Wer nicht zum Verzicht bereit ist, wird das notwendige Prinzip des Verlassens nicht erfüllen können.

Liebe - und das merkt man schon hier - heißt auch Opferbereitschaft, heißt zurückstehen um des gemeinsamen Ehelebens willen.

Hier hat jeder Partner bereits vor der Ehe einen wichtigen Prüfstein, ob der andere wirklich „ehefähig" ist: Wer nicht bereit ist zum Opfer und zum Verzicht, wer nicht verlassen kann, soll auch nicht heiraten.

Wie eindrücklich schützte Gott durch dieses Prinzip die Frau vor der damals weitverbreiteten orientalischen Unsitte, daß die Frau zur Untergebenen (oft Sklavin) der Familie des Mannes oder seiner Sippe wurde!

Das Prinzip „verlassen" verdeutlicht, dass dazu eine gewisse Reife vorhanden sein muß. In 1. Mose 2 steht nicht, dass ein Junge sein Elternhaus verlassen soll, um seinem Mädchen anzuhangen, sondern dass ein *Mann* Vater und Mutter verlassen soll, also einer, der gelernt hat, auf eigenen Beinen zu stehen; das schließt auch den finanziellen Aspekt mit ein. Wieviel Not hat doch die Mißachtung dieses Prinzips schon mit sich gebracht. Durch die Unabhängigkeit, Unreife und Unselbständigkeit des Ehemannes wurde manche Ehefrau in ungesunde Abhängigkeiten von den Schwiegereltern mit hineingezogen, was die Ehe extrem belastete. Nicht von ungefähr lesen wir daher in Sprüche 24,27: *„Besorge draußen deine Arbeit, und bestelle sie dir auf dem Felde, hernach magst du dann dein Haus bauen..."* Ein Mann sollte möglichst bald dazu imstande sein, den Lebensunterhalt für seine Familie zu bestreiten.

Ferner ist „verlassen" auch eine äußerliche Angelegenheit. Es gibt afrikanische Stämme, bei denen das ganze Dorf des Bräutigams kilometerweit tanzend die Braut von ihrem Dorf abholt. Mann und Frau sollen dadurch öffentlich erklären, daß sie ihre bisherige Lebensgemeinschaft aufgeben wollen, um eine neue einzugehen. In Ruth 4 lesen wir von einer öffentlich-rechtlichen Eheschließung zwischen Boas und Ruth. In unserem Kulturkreis geschieht dieses Bekenntnis öffentlich-rechtlich vor dem Standesamt. Wie die öffentlich-rechtliche Seite auch in einem Volk aussehen mag, es gilt: Nur wer eine klare Trennung vollzogen, wer verlassen hat, ist wirklich frei dafür, richtig „anzuhangen".

Um die Aspekte „anhangen" und „ein Fleisch werden" noch etwas besser zu verdeutlichen, sei folgende (mögliche) Begebenheit zweier Menschen und ihr eventueller Dialog vorangestellt:

Die Kerze warf ein sanftes Licht auf die beiden Hände, die sich fest umfassten. Sein Daumen strich zärtlich über ihren Handrücken, und seine Blicke versenkten sich liebevoll in das warme Braun ihrer Augen. Schon seit drei Monaten trafen sie sich regelmäßig.

Auf der Uni hatten sie sich kennengelernt. Georg studierte Physik, Helga Englisch und Kunstgeschichte.

„Wir wollten doch heute abend mal über unsere Beziehung reden", meinte Georg, „du warst so abweisend... hast du mich denn nicht gern?"

„Doch, Georg, ich mag dich sehr", entgegnete Helga und drückte sanft seine Hand.

„Aber was ist dann? Hast du etwa Angst vor körperlichen Beziehungen?"

„Nein, ich habe keine Angst davor", antwortete Helga und senkte ihren Blick, „aber ich bin davon überzeugt, daß es besser ist, erst in der Ehe intim zuwerden." Dabei sah sie ihm wieder offen, fast herausfordernd in die Augen.

Georg klappte vor Überraschung der Unterkiefer herab, und er stammelte „...das gibt's ja nicht... das kann nicht wahr sein!... lebst du denn noch im Mittelalter?"

„Bitte Georg, werd' jetzt nicht unhöflich. Ich habe klare Gründe für meinen Standpunkt."

„Entschuldige bitte, Helga, aber es kam so überraschend für mich; du weißt doch, das tut heute doch jeder, und da erwartet man keine solche Meinung."

„Erstens, lieber Georg, stimmt es nicht, dass es jeder tut", entgegnete Helga, „und zweitens gibst du damit selbst zu, dass dein Massstab die Allgemeinheit ist. Wenn es so viele tun, wird's schon nicht falsch sein... das dachten Tausende, als sie Heil Hitler! riefen und voller Stolz in den Krieg zogen. Immer mehr Leute stehlen, immer mehr saufen... ist dies deshalb richtig? Soll das Allgemeinverhalten der Massstab sein?"

„Nein, natürlich nicht", beschwichtigte Georg, „doch wir sind zwei denkende Menschen, nicht wahr! So lass uns die Sache einmal genauer unter die Lupe nehmen. Ein junger Mensch, der sich nicht sexuell betätigt, wird doch verklemmt, oder etwa nicht?!" Dabei umfasste er liebevoll mit beiden Händen die ihrige um ihr zu signalisieren, dass er sie nicht verletzen möchte. „Bestimmt nicht, Georg! Sexuelle Verklemmung entsteht doch nicht durch Mangel an sexueller Betätigung, sondern durch Verteufelung oder Verdrängung der Sexualität. Das habe ich aber nicht vor - ich bin auch nicht frigid - sondern ich möchte bewusst diese Spannung bis zur Ehe annehmen und damit leben."

„Du gibst also zu, Helga, dass ein Verlangen vorhanden ist?"

„Ja, natürlich!"

„Also siehst du, dann ist es so wie mit Hunger und Durst. Wer aber nicht ißt, der verhungert. Warum sollte ich meinen Sexualtrieb nicht befriedigen, der mir als Mensch einfach gegeben ist?"

„Essen mußt du, um am Leben zu bleiben, was man von sexueller Betätigung nachweislich nicht behaupten kann. Doch wichtiger erscheint mir hier deine Haltung, Georg, die Gesinnung vom Sich-Befriedigen. Ein Mädchen ist doch kein Stück Schokolade, das man vernascht, um seine Gelüste zu befriedigen. Ich bin doch nicht dafür da, daß du deinen Sexualtrieb befriedigen kannst..." dabei lächelte sie ihn freundlich an.

„So hab ich's ja auch nicht gemeint."

„Weißt du, ich möchte meine Sexualität als Gabe ansehen, mit der ich dich, mein Liebster, einmal beglücken kann, wobei ich natürlich weiß, daß ich dann selbst auch beschenkt werde. Doch will ich erst dann die körperliche Vereinigung, wenn der ent-

30

sprechende Schutzraum, der rechte Rahmen dafür gegeben ist. Wenn man ein Verlangen hat, heißt das nicht automatisch, daß man es gerade befriedigen soll. Du bleibst ja auch nicht einfach vor der Metzgerei stehen, wenn dir beim Anblick einer Salami-Wurst das Wasser im Mund zusammenläuft, und schlägst das Schaufenster ein, um dir das Stück zu holen, damit dein Verlangen befriedigt wird. Triebe sind dazu da, dass man sie in der richtigen Art und Weise gebraucht. Und Intimverkehr, lieber Georg, braucht als schützenden Rahmen die Ehe. "

„Das sagst du, mein Schatz, aber eines ist doch klar: Wir müssen auch prüfen, ob wir sexuell zusammenpassen. Oder findest du es nicht wichtig, daß es auch in diesem Bereich einmal klappt? "

„Sehr wichtig finde ich das. Doch - entschuldige die direkte Frage - was soll denn da nicht zusammenpassen? Kannst du mir das mal erklären? "

Georg bekam rote Ohren und grinste verlegen. „Okay, du kleines Biest, zugegeben: es wird wohl kein anatomisches Problem vorliegen; doch geht es ja nicht um die Geschlechtsteile, sondern darum, ob man sich gegenseitig sexuelle Erfüllung geben kann. "

„Und wovon hängt das deiner Meinung ab? "

„Nun, von der seelischen Übereinstimmung, und wie man auf den andern eingeht, auch von der Kommunikationsfähigkeit, nehme ich an. "

„Genau das mein'ich auch, Georg, und schau: werden wir jetzt schon intim, so werden wir enttäuscht sein, denn wir müssen gegenseitig noch viel lernen. Wir haben uns doch schon darüber unterhalten. Ist es nicht so, dass es bei beiden von uns viel Zeit braucht, um Rücksicht, Zärtlichkeit, Fürsorge, Verantwortung - einfach echtes Lieben zu lernen?! "

„Allerdings, Helga, ich gebe dir in diesem Punkt recht, da es ja logischerweise auch ein Lernprozess in der Ehe sein wird, den andern sexuell kennen- und erfüllen zu lernen. Auch habe ich ja bei meiner Schwester die andere Möglichkeit mitbekommen: Sie zog mit ihrem Typ ziemlich schnell zusammen - und nun haben

31

sich die beiden fast nichts mehr zu sagen. Trotzdem wird sie ihn bald heiraten, was ich nicht recht verstehen kann."

„Siehst du, zu früher Intimverkehr verhindert Freiheit, statt sie zu ermöglichen. Ich glaube, dass nur zwei Liebende, die sich gegenseitig frei lassen - dies vor allem in sexueller Hinsicht - sich auch wirklich frei füreinander und für eine dauerhafte Ehe entscheiden können. Wenn sich eine Frau zum erstenmal einem Mann hingibt, schenkt sie sich ihm bis ins Innerste, und das wird sie auf diesen Mann fixieren - ist doch schön, wenn dies gleichzeitig auch der Ehemann ist, was man aber vor der Heirat noch nicht hundertprozentig sagen kann."

„Stimmt, da gibt es tatsächlich noch viel Unvorhergesehenes. Meinst du aber, bei meiner Schwester wäre es jetzt anders, wenn sie und ihr Freund noch gewartet hätten?"

„Das kann ich zwar nicht genau sagen, aber ich glaube schon, dass es etwas anders verlaufen wäre; vorausgesetzt, dass die Bereitschaft vorhanden ist, wirklich auf die Person des andern einzugehen. Du siehst es doch überall: solche freundschaftlichen Sexualbeziehungen sind so auf Sex fixiert, dass die zwischenmenschliche Beziehung oberflächlich bleibt. Außerdem weißt du ja auch, dass viele Kommilitonen ihre Freundinnen wie gebrauchte Unterhemden wechseln. Solche einseitigen sexuellen Erfahrungen regen nur den Appetit auf neue, andere, stärkere Reize an; denn diese Nur-Sex-Beziehungen werden selbstverständlich langweilig."

„Natürlich, Helga, aber das will ich nie mit dir! Du weißt doch, dass ich dich liebe, und das wollte ich auch körperlich zum Ausdruck bringen..."

„Klar verstehe ich dich, Georg, aber schau, gerade bei einer Frau hängt sehr viel von der psychischen Atmosphäre ab, die bei der körperlichen Vereinigung herrscht. Da muss Geborgenheit und Sicherheit da sein..."

„...die vom Trauschein abhängt?"

„...auch, mein Liebster, auch. Man ist in der eigenen Wohnung, gehört auch öffentlich unzertrennlich zusammen, kann sich auf ein Kind freuen, braucht keine Angst zu haben, irgendwie ertappt zu werden, man weiß sich als Ehemann und Ehefrau miteinander verbunden. Ich denke einfach, diese öffentlich-rechtliche Ehe ist wie ein Gartenzaun, der die einzelnen Beete der Liebe schützend umfaßt."

„Nun wirst du aber poetisch..."

„In Ordnung. Wir wollen ja nüchtern bleiben", erwiderte sie mit einem vielsagenden Lächeln, „doch bedenke auch, dass zu einer Frau auch ihr Empfinden gehört - und beim Intimverkehr muß das Empfinden klar sein, sonst klappt es eben nicht!"

„Das verstehe ich. Das würde dann auch heißen, dass die Probe-Erfahrungen, die nicht klappen, kein Hinweis auf grundsätzliches Unvermögen sind."

„Probe-Erfahrungen können nie Aufschluss über die Wirklichkeit der Liebe geben. Man kann weder zur Probe leben noch zur Probe sterben, man kann auch weder zur Probe lieben noch kann man eheliches Leben erproben; die Voraussetzungen fehlen, die sogenannten Experimentierbedingungen sind unecht und trügerisch."

„Umgekehrt würde es dann aber auch heissen, dass eine sexuelle Probe, die klappt - vielleicht aufgrund eines aktiven Triebes - kein Beweis für ein sexuelles Geben-Können in einer langen Ehe ist."

„...ganz Deiner Meinung, Georg"

„Lieben bedeutet demnach im Augenblick für mich: verzichten, sexuelle Spannung ertragen..."

„...uns gegenseitig kennenzulernen; die Seele, nicht die Geschlechtsteile sprechen zu lassen; Rücksicht, Verständnis, Zärtlichkeit reifen zu lassen und Verständnis einzutrainieren..."

„...du sprichst von Kommunikationsfähigkeit..."

„...ja und davon, uns Freiheit für die persönliche Entscheidung zu gewähren, nicht dem Gruppendruck zu erliegen, sondern Fundamente für eine Ehe zu schaffen..."

„Gut, gut... ich kapiere schon.. aber, ob ich das auch will?!"

„Das ist die entscheidende Frage, Georg, daran siehst du auch, dass echte Liebe mehr Willensentscheidung als Gefühlssache ist."

„Und das sagst du als Frau?!"

„...manchmal denken Frauen gründlicher nach als Männer",
entgegnete sie verschmitzt und zwinkerte ihm vertrauensvoll zu.

„Na ja, da hast du vielleicht recht", erwiderte Georg und sein
Gesichtsausdruck wurde ernst, „eigentlich muß ich schon sa-
gen, daß mir diese Liebe beständiger, tiefer, dauerhafter
scheint."

„Davon bin ich felsenfest überzeugt", meinte Helga und blickte
ihm fest in die Augen, „aber hier wird auch klar, daß Liebe und
Opferbereitschaft zusammengehören..."

„... du wärst es wert..." entgegnete er liebevoll, „ich muß dar-
über noch nachdenken!"

Die gelb-rötliche Flamme der Kerze flackerte etwas, als sie sich
erhoben, die Stühle am Tisch zurechtrückten und Georg seiner
Freundin in den Mantel half...

Anhangen

In der Bibel wird für den Begriff „anhangen" ein hebräisches
Wort verwendet, das man auch mit „kleben" übersetzen kann.
Wie man ein Bild fest in ein Fotoalbum klebt, so eng und innig
werden Mann und Frau miteinander verbunden sein. Untrennbar werden die beiden sein. Reiße ich das eine weg, beschädige
ich unweigerlich beides.

Mit „anhangen" wird kein Suchen, Tasten, Prüfen oder Versuchen beschrieben. Anhangen ist verbindlich, anhangen ist die
Folge einer willentlichen persönlichen Entscheidung. Da ent-
schließt sich ein Mann, mit einer Frau „zusammenzukleben",
untrennbar, unauflöslich, für immer „...bis daß der Tod uns
scheidet..." Und eine Frau entscheidet sich dafür, alles mit ihrem Mann zu teilen, mit ihm zu einer neuen Einheit zu werden.
Zu einer Einheit, in der Not und Leid des einen automatisch
auch den andern betreffen, in der es nur gemeinsames Wachsen
und Entfalten geben kann; ein einseitiges Reifen würde diese

34

Einheit verzerren und ist letztlich überhaupt nicht möglich, denn das Zurückbleiben des einen würde gleichzeitig auch das Wachstum des andern verhindern.

Wenn die Eheleute ihr Eheleben mit dieser Haltung praktizieren, dann erleben sie eine Einheit wie sie in zwischenmenschlicher Beziehung absolut einmalig ist. Sie stehen sich näher als allen Freunden, Verwandten und Bekannten, ja sogar näher als den eigenen Kindern. Wir sehen daher auch, daß der Entschluß zu dieser Einheit zuerst den geistlich-seelischen Bereich betrifft und sich erst in der Folge im körperlichen Bereich ausdrückt. Zwei Menschen, die sich heiraten möchten, müssen daher zuerst eine geistlich-seelische Einheit schaffen, damit „anhangen" existentiell vollzogen werden kann. Ich muß meinen Partner kennenlernen, erst dann kann ich wissen, ob wir überhaupt miteinander auskommen, ob wir für immer „zusammenkleben" möchten; erst dann kann ich meine Entscheidung, mein Ja in voller Verantwortung treffen.

Wer sich nicht Zeit nimmt, den Partner vor der Heirat und vor der körperlichen Vereinigung kennenzulernen, geht mit seinem Ja leichtfertig um. Oftmals wird ihm dies erst nach der Heirat bewußt, wo es genügend Gelegenheit gibt, den kennenzulernen, mit dem man da wirklich „zusammenklebt". Meine Frage sollte also lauten: „Ist mein Partner wirklich bereit, anzuhangen?" „Besitzt er den unumstößlichen Willen zur Treue und zur Unauflöslichkeit der Ehe?" Anhangen beinhaltet dauernde Treue. Zur echten Ehebeziehung gehört dieser willentliche Entschluß zur Treue - auch in schwierigen Zeiten. Ehe auf Zeit besitzt keine Basis! Ein Partner, der nicht gewillt ist, mit seinem ganzes Leben *anhangende Treue* zu wagen, kommt als christlicher Ehegefährte nicht in Frage!

Heutzutage hört man oft den Einwand, daß die Ehe den Tod der Liebe bedeuten kann. Man will sich gegenseitig stets auch die Freiheit bewahren, die Beziehung wieder aufzulösen, wenn man eben sieht, daß sie nichts (mehr) bringt. Würde man sich durch einen Trauschein aneinanderketten, so wird argumentiert, wäre die Liebe ja nicht mehr freiwillig, sondern ein Muss, und damit wäre doch der Tod der Liebe eingeläutet.

Dieser Meinung muß man drei Aspekt entgegenhalten:

a) Liebe ohne den willentlichen Entschluß zum Durchhalten ist keine wirkliche Liebe. In jeder Ehe gibt es Durststrecken, oder es „stürmt mal kräftig". Liebe beruht zwar auf Freiheit, aber nur dort, wo man sich frei entscheiden kann und soll, ob man nun lebenslang verbunden sein will, ob man unwiderruflich anhangen möchte; dort, wo man sich frei entscheiden soll, wen man lieben will - für immer! Liebe ohne Treue ist ein Widerspruch in sich selbst, denn Liebe besteht aus einer verbindlichen Gesinnung, stets das Beste für den andern zu wollen und zu suchen. Ohne Treue wird Liebe zur ichbezogenen Wohlfühl-Aktivität verzerrt. Ohne Treue fehlt der Liebe die Basis, worauf sich beständiges Vertrauen, tiefe Geborgenheit, ja letztlich eine wahre Freundschaft (ohne die eine Ehe oberflächlich und verstümmelt wäre) entwickeln kann.

b) Das willentliche und ernsthafte unauflösliche Treueversprechen schafft einen Schutzraum, vermittelt Geborgenheit und Sicherheit, die gerade in Konflikten besonders zum Tragen kommt. Wahres Eheleben kann man ohne diese Treue-Gesinnung gar nicht erleben. Vor allem das tiefgründige seelische Empfinden der Frau leidet - oft unbewusst - unter dem Fehlen dieses Schutzraumes, macht eine Frau unsicher und unzufrieden. Probleme können ganz anders bewältigt werden, wenn das Verbindliche dieses Treueversprechens gegeben ist.

c) Auch heißt Liebe „Verpflichtung". Das Treueversprechen beinhaltet den unerschütterlichen Freundschaftserweis in „guten wie in bösen Tagen" - ohne Wenn und Aber, ohne Schlupfloch, durch das ich mich davonstehle, falls ich doch in Situationen komme, die ich nicht mehr bewältigen kann. Wer Liebe ohne Verpflichtung leben will, lebt letztlich in einer Ich-Kultur. Es dürfte auch klar sein, daß vor allem Kinder diesen Schutzraum lebenslanger Treue brauchen, um sich in Geborgenheit entwickeln zu können. Manche Kinder könnten hier wohl noch viel eindrücklicher verdeutlichen, dass Liebe nicht jene Freiheit meint, wo der Papa eines Tages keine Lust mehr hat, seiner Familie treu zu sein. Sie könnten wohl noch ergreifender darlegen, wie wichtig es ist, dass Liebe in eine verpflichtende Entscheidung mündet, in einen lebenslangen Entschluss zur Treue und Verbindlichkeit. Welche Geborgenheit für Mann, Frau und Kinder erwächst doch aus dieser ernstgemeinten, positiv gelebten Verpflichtung, zu der man sich freiwillig, in Liebe, entschieden hat!

Es ist gut, wenn man sich angesichts dieser hohen Forderungen vielleicht überfordert fühlt; denn gerade hier merkt man um so besser, wie notwendig es ist, dass meine Erwartung, Liebe und Treue leben zu können, nicht auf mir ruht, sondern auf der Kraft und Liebe meines Gottes und Schöpfers! (Phil. 4,13b)

Nur er kann letztlich der Garant für unerschütterliche Verbindlichkeit sein. Er selbst verkörpert vollkommene Treue, die nicht erschüttert werden kann (2. Tim. 2,13).

Ein Fleisch werden

Verlassen und Anhangen - diese beiden Prinzipien bergen die Möglichkeit der Einheit, die Möglichkeit der echten Liebe, die sich dann bis in den körperlichen Bereich hinein auswirkt. Verlassen und Anhangen sind das Flußbett, in dem ein wunderbarer Strom sexueller Liebe dahingleiten kann. „Ein Fleisch werden", die körperliche, sexuelle Vereinigung in der Ehe, ist der tiefste Ausdruck menschlicher Einheit. Geschlechtsverkehr ist also nicht ein Mittel, um eins zu werden, sondern Folge und Ausdruck der Einheit zwischen Mann und Frau.

Tiefste Einheit ausdrücken zu wollen, ohne Verbindlichkeit (Verlassen und Anhangen), wäre Lüge und Trug. Dagegen spricht sich Gott deutlich in seinem Wort aus. Geschlechtsverkehr ohne das Prinzip Verlassen und Anhangen nennt Gott „Unzucht", egal ob der Sexualverkehr vor oder außerhalb der Ehe vollzogen wird.

Dieses „ein Fleisch werden" deutet aber nicht nur auf körperliche Einheit hin, sondern malt ein umfassendes Einssein vor Augen. Die Ehepartner - nach Matth. 19,6 nicht mehr zwei, sondern „ein Fleisch" - teilen nun alles zusammen: Freud und Leid, Lachen und Weinen, Hoffen und Verzagen, Erfolg und Enttäuschungen, Not und Glück, Gesundheit und Krankheit. Christliche Eheleute haben sich miteinander identifiziert!

Ob sie überhaupt „sexuell zusammenpassen" ist wohl keine Frage. Wenn der seelische Bereich durch gesunde Harmonie gekennzeichnet ist, wird sich auch das eheliche Geschlechtsleben zur gesunden Harmonie entwickeln. Gerade das Geschlechtsorgan der Frau ist so geschaffen, daß es sich extrem anpassen kann - sofern die seelische Grundlage dafür (Geborgenheit, Zärtlichkeit und Achtung voreinander) vorhanden ist! Rein biologisch kann es also kaum Probleme geben. Probleme entstehen vielmehr durch seelische Störverläufe, durch Lieblosigkeit und Egozentrik. Dazu kommt, daß Intimgemeinschaft außerhalb des Schutzrahmens der Ehe nur ein Teil-Erleben sein wird. Beide sollten noch viel voneinander lernen, sollten intim zusammenwachsen an „Erkenntnis und allem Empfindungsvermögen". Beim Teil-Erleben bleibt Enttäuschung nicht aus, denn es braucht viel Zeit, um Rücksicht, Zärtlichkeit, Fürsorge, Verantwortung - eben echtes Lieben - zu lernen. Wer stets beim Teil-Erleben stecken bleibt, verzerrt das Geschenk der Sexualität immer mehr in eine bestimmte Richtung des ichbezogenen Lustgewinns. Probe-Erfahrungen können auch nie Aufschluß über die Wirklichkeit der Liebe geben. Mann kann weder zur

Probe leben, noch zur Probe sterben, noch kann man eheliches Leben erproben; die Voraussetzungen fehlen, die „Experimentierbedingungen", die „Prüfinstrumente" sind unecht und absolut trügerisch. Es ist genauso, wie wenn ich versuchen würde, in einer Badewanne schwimmen zu lernen. Das ist unmöglich. Echtes Schwimmen braucht das nötige Element: genügend Wasser, die Weite eines Sees - und die Ehe ist wie dieser See.

Ein unbefriedigend erlebter Intimverkehr vor der Ehe ist also überhaupt kein Hinweis auf eine unbefriedigte sexuelle Ehebeziehung (nur ein Hindernis dafür). Und umgekehrt bedeutet das auch, daß eine „sexuelle Probe", die klappt - vielleicht aufgrund eines vorhandenen Triebes - kein Beweis für ein sexuelles Geben-Können und Erfülltsein in der Ehe ist.

Heutzutage werden manche einwenden, daß der Sexualtrieb doch genauso gestillt werden müsse wie Hunger oder Durst. Wer so denkt hat das Wesen der Sexualität verkannt. Essen muss man, um am Leben zu bleiben, was man von sexueller Betätigung nachweislich nicht behaupten kann. Problematisch ist vor allem die Einstellung, als sei der andere ein Stück Schokolade, das man vernascht, um die eigenen Gelüste zu befriedigen. Wenn man ein Verlangen hat, heißt das nicht automatisch, daß man es gerade befriedigen soll. Man bleibt ja auch nicht einfach vor der Metzgerei stehen, wenn einem beim Anblick einer Salami-Wurst das Wasser im Mund zusammenläuft, und schlägt das Schaufenster ein, um die Wurst zu holen, damit das Verlangen befriedigt wird. Triebe sind dazu da, dass man sie in der richtigen Art und Weise gebraucht. Und Intimverkehr braucht den schützenden Rahmen von Liebe, Treue und Verbindlichkeit.

Gerade in der Phase des Prüfens und Kennenlernens ist es überaus wichtig, auf eine sexuelle Beziehung zu verzichten, weil einen sonst dieser Lebensbereich völlig in Beschlag nehmen wird (Gedanken, Gefühle, Verlangen). Die üblichen

„freundschaftlichen Sexualbeziehungen" sind so sehr auf Sexualität fixiert, daß die zwischenmenschliche Beziehung, das Kennenlernen im geistlich-geistigen und seelischen Bereich, oberflächlich bleibt.

Zwei Liebende sollen sich zuerst gegenseitig wirklich frei lassen - dies vor allem in sexueller Hinsicht - um sich auch wirklich frei füreinander und für eine dauerhafte Ehe entscheiden zu können. Wenn sich eine Frau zum erstenmal einem Mann hingibt, schenkt sie sich ihm bis ins Innerste, und das wird sie auf diesen Mann fixieren - wäre doch wunderbar, wenn dies gleichzeitig auch der Ehemann ist, was man aber vor der Heirat noch gar nicht hundertprozentig wissen kann. Lieben bedeutet für diesen Bereich daher praktisch: Verzicht, Geduld, sexuelle Spannung reifend ertragen, sich gegenseitig kennenlernen: die Seele, nicht die Geschlechtsteile sprechen lassen; Rücksicht, Empfindungsvermögen, Zärtlichkeit reifen lassen; Verständnis eintrainieren; Freiheit für die persönliche Entscheidung gewähren, nicht dem heutigen Gruppendruck erliegen, sondern Fundamente für eine liebevolle Ehebeziehung schaffen.

Wie denkt Ihr Partner über das rechte „ein Fleisch werden" in der Ehe? Auch hier hat der christliche Partner einen klaren Prüfstein für seine Partnerwahl. Keinesfalls sollten Sie sich als Objekt sexuellen Verlangens oder als Erfahrungs-Spender missbrauchen lassen!

Charakterliche Harmonie

Zum seelischen Bereich gehört auch die charakterliche Harmonie. Nicht die charakterliche oder temperamentsmäßige Gleichheit, sondern die Ergänzungsfähigkeit, die Harmonie ist gefragt. Einerseits heißt es, dass sich Gegensätze anziehen. Das ist auch gut so und dient zur Ergänzung, wenn z.B. ein etwas extrovertierter Mann eine etwas introvertierte Frau möchte.

Doch andererseits kann ein Partner in seiner Verliebtheitsphase von einem Menschen, der den genauen Gegensatz zu ihm darstellt, fasziniert sein und ihn begehren. Doch stellen Sie sich den phlegmatischen Mann vor, dessen höchstes Glück es ist, stets zu Hause zu sein, der keine Hobbys und keine besonderen Interessen hat außer Fernsehen und Fruchtsäfte trinken; und dagegen die Frau, sprühend, voller Leben, sportbegeistert, musikalisch, kontaktfreudig, die kaum ruhig sitzen kann, sondern vor Aktivität fast explodiert: die Reibungsfläche dieser beiden wäre unverantwortlich groß! Ohne es zu wollen, würden sie sich mit der Zeit „auf den Wecker gehen". Nichts gegen Gegensätze - aber es muß Harmonie entstehen können.

Zwei sehr gegensätzlich gelagerte Menschen können sich harmonisch ergänzen, wogegen zwei andere, obwohl sie ebenfalls gegensätzlich sind, immer aneinander vorbeireden, Disharmonie erzeugen und sich missverstehen. Zwei sich sehr gleichende Partner können dies als erfreuliche Harmonie erleben, wogegen zwei andere sich gleichende Menschen dies als frustrierend erfahren können.

Wir halten also nichts davon, wenn man versucht, gewisse psychologische Konstellationen zu Rate zu ziehen, um herauszubekommen, ob man „zusammenpasst". Passt beispielsweise ein sehr kontaktfreudiger Mensch besser zu einem etwas reservierteren oder besser zu einem aufgeschlossenen Partner? Solche Fragen führen zu keinem hilfreichen Ergebnis. Auf die wachsende Harmonie kommt es an, und die kann man nur durch aufrichtiges, seriöses Kennenlernen feststellen.

Selbstverständlich sollte man immer konkreter wissen und erleben wie der andere veranlagt ist, von welcher Seelenart er beeinflusst wird, welche seelische „Sprache" er spricht. Lassen Sie uns dies am Beispiel zweier „Empfindungstypen" etwas aufzeigen:

Den einen Typus nennen wir „vertikalen", den anderen „horizontalen" Empfindungstypus. Der „horizontale Empfindungstypus" ist mehr „nach vorwärts" orientiert. Realistisch, zukunftsorientiert, praktisch, nüchtern, objektiv, zielstrebig und mit folgerichtiger Logik geht er seinen täglichen Aufgaben nach, wobei er nicht viel Verständnis oder Interesse für tiefergehende seelische Konstellationen, für Persönlichkeitsanalysen oder bereichernde Gemeinschaftserlebnisse aufbringt. Er neigt eher dazu, unromantisch zu sein und wirkt daher seelisch verschlossen oder distanziert. Sein „Empfindungsvolumen", das genauso groß ist wie das des „vertikalen Empfindungstypus" ist einfach anders gelagert - auf die praktische Lebensebene ausgerichtet - und ließe sich daher bildlich vielleicht wie folgt darstellen:

Skizze 1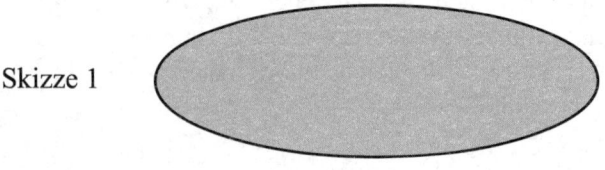

Das „Empfindungsvolumen" des „horizontalen Empfindungstypus" ist mehr auf die praktische Lebensebene ausgerichtet

Der „vertikale Empfindungstypus" weist sich dagegen durch ein sehr tiefgehendes Gefühlsleben aus. Seine feinen Empfindungen empfangen oft die verschiedensten Signale, ohne diese jedoch immer richtig verarbeiten oder einordnen zu können. Sein „Empfindungsvolumen" ließe sich etwa so darstellen:

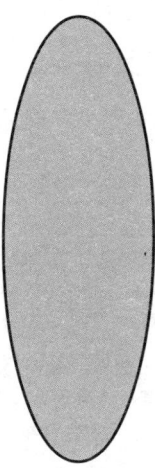

Das „Empfindungsvolumen" des „vertikalen Empfindungstypus" richtet sich mehr auf tiefgehende Impulse und Intuitionen

Der „vertikale Empfindungstypus" verabscheut zutiefst eine oberflächliche Lebensweise. Genauso widerstrebt ihm eine zwischenmenschliche Beziehung, die sich vor allem auf praktische, nüchterne Gemeinsamkeiten stützt. Er weiß um die Existenz von „seelischen Tiefen", die er selbst nicht ganz auszuloten vermag, doch hinterfragt er sich immer wieder, überprüft den eigenen Standpunkt, liebt zärtliche, leise Signale des Verstehens und versucht, manche Gegebenheiten eher intuitiv zu erfassen. Tiefgehender Gedankenaustausch, das Eindringen in die Empfindungswelt eines anderen Menschen, das Ringen um Verständnis und das Streben nach psychischer Lebensqualität pochen in seinen Adern genauso wie der Hang zur Romantik, zur Träumerei oder auch zu gewaltigen seelischen Spannungen.
Nun ist es möglich, dass zwei „vertikale Empfindungstypen" heiraten:

Skizze 3

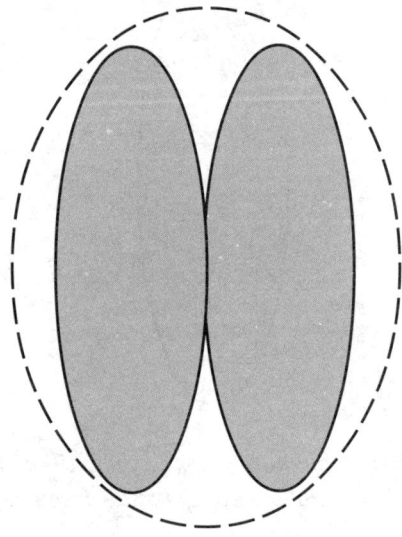

Sie können miteinander tiefe seelische Harmonie erleben. Jedoch besteht die Gefahr, dass sie immer mehr um sich selbst kreisen, sich gegenseitig in ihren „Scheuklappen" gegenüber der alltäglichen Wirklichkeit bestärken oder gemeinsam in unrealistische Träumereien verfallen und sich innerlich von der „verständnislosen Außenwelt" zurückziehen. Sie könnten mit dem nüchternen, praktischen Leben Mühe bekommen und sich deshalb immer stärker aneinander aufreiben, sich gegenseitig Versagen und Schuld im Leben zuschreiben und sogar „die Nase voll bekommen" von den „Tiefsinnigkeiten" des andern, die oft genauso spannungsgeladen und verworren sind wie die eigenen. Solch eine Verbindung der besonders ausgeprägten seelischen Übereinstimmung kann also sowohl Harmonie wie auch Unstimmigkeit bis zur Ablehnung hervorbringen.

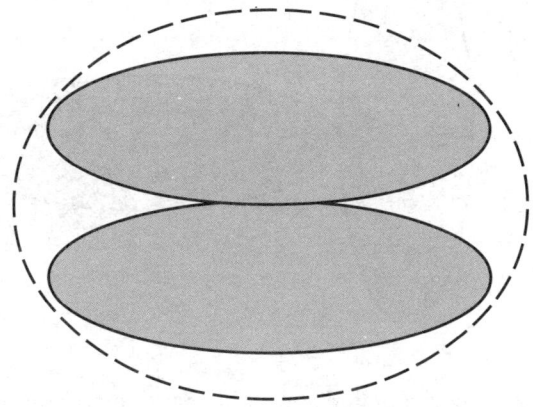

Auch zwei „horizontale Empfindungstypen" können gemeinsam sehr erfolgreich und effektiv sein. Sie könnten zahlreiche Unternehmungen durchführen, aktiv, zielgerichtet und beständig Dinge auf die Beine stellen. Jedoch gibt es auch hier Gefahren: Die Beziehung könnte zu einer „Speise- und Bettgesellschaft" werden - ohne seelischen Tiefgang oder geistige Höhe. Die Gemeinschaft könnte derart oberflächlich, materialistisch oder aktivistisch werden, dass der psychische Horizont jedes einzelnen verkümmern würde. Auch diese Verbindung einer anderen Art von ausgeprägter Übereinstimmung kann sowohl Harmonie wie auch Unstimmigkeit, Verflachung bis zur Entfremdung hervorbringen.

Skizze 5

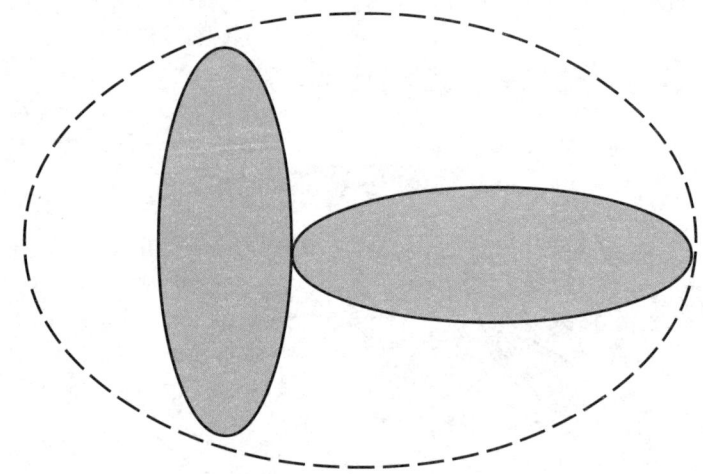

Auch ein „horizontaler" und ein „vertikaler Empfindungs-typ" könnten einander heiraten. Die größte Chance dieser Verbindung würde in der so wertvollen, wichtigen und persön-lichkeitsprägenden „Horizonterweiterung" liegen, die beide Partner deshalb erfahren können, weil das „Empfindungs-volumen" des andern sehr gegensätzlich ist.

Üben sich beide intensiv im Zuhören, im Aufeinander-eingehen, im Verstehen- und Sich-achten-Lernen, so kann auch solch eine Beziehung eine kompakte, harmonische Gemein-schaft werden.

Mit der Zeit wird der „vertikale Empfindungstypus" vom praktischen, realistischen Sinn seines Partners sehr profitieren und selbst manches dazulernen, was er persönlich von seiner Einstellung her „noch nie so gesehen hat"...

Ebenfalls kann der „horizontale Empfindungstypus" seinem seelischen Emfpindungsvolumen mehr Tiefgang, mehr Qualität und auch mehr „Höhe" geben, wenn er sich mit seinem Partner austauscht und sich im Verstehenlernen übt.

Erfahrungsgemäß liegen die größten Schwierigkeiten jedoch darin verborgen, daß sich der „vertikale Empfindungstypus" von seinem „horizontalen" Partner nicht ernst genommen oder nicht verstanden fühlt. Mit seinen „seelischen Tiefen" fühlt er sich alleingelassen, und vor allem: Er erwartet von seinem Partner denselben seelischen Tiefgang, wie er ihn persönlich erlebt. Der „horizontale Empfindungstypus" kann zwar durch den gemeinsamen Gedankenaustausch immer mehr *Verständnis* für das „vertikale" Gegenüber bekommen, doch wird er diese „Tiefen" niemals *nachempfinden* können (was auch nicht nötig ist).

Der „vertikale Empfindungstypus" muss dies unbedingt erkennen und akzeptieren können: Er darf nicht darauf hoffen, daß das, was ihn selbst zutiefst bewegt, vom Partner nun genauso nachempfunden werden kann und es daher zu einer seelischen Empfindungs-Übereinstimmung kommt. Er kann lediglich auf Verständnis hoffen. Macht er sich dagegen falsche Hoffnungen (die ja gar nicht erfüllt werden können), ist er enttäuscht und frustriert - was sich verständlicherweise negativ auf die Beziehung auswirkt.

Der „horizontale Empfindungstypus" kann sich dagegen völlig überfordert fühlen (was er aufgrund seiner empfindungsmäßigen Ausrichtung tatsächlich auch ist) und sich daher als Person mit seiner individuell ganz anders gelagerten Empfindungsart abgelehnt vorkommen.

Selbstverständlich sind oben beschriebene Typen extrem skizziert und kommen in der Wirklichkeit nie so „reinrassig" vor. Es geht uns jedoch darum, anhand dieser Beispiele ein grundsätzliches Prinzip aufzuzeigen: Denken Sie bei einer Partnerschaft darüber nach, ob sich Ihre Empfindungskonstellationen zur Harmonie hin entwickeln kann oder nicht. Vor zu großen Gegensätzen möchten wir genauso warnen wie vor zu intensiver Gleichheit; denn zu große Gegensätze könnten eine Überforderung des einzelnen darstellen, so daß es nicht zu einem rechten Verständnis füreinander kommt. Zu intensive Gleichheit dagegen kann zu innerer Ablehnung oder Verflachung führen, weil es an der notwendigen Ergänzung und Spannkraft fehlt.

Kommunikationsfähigkeit

Diese Aspekte sind eng verbunden mit der Kommunikationsfähigkeit eines Menschen. In dieser Fähigkeit zu wachsen gehört sicherlich zur wichtigsten Entwicklung in einer Beziehung.

Das gesprochene Wort ist eine der stärksten und nachhaltigsten Wirkungsmöglichkeiten des Menschen und ein unverzichtbares Mittel zur echten Gemeinschaft.

Haben Sie es schon erlebt, wie verzweifelt man in einem fremden Land sein kann, wenn man jemandem näherkommen möchte, doch seine Sprache nicht versteht? Schnell stößt man dann an die Grenzen der Verständigung und fühlt sich allein und einsam. Es kommt dabei nie zu einer tiefen Begegnung mit dem andern. Es ist keine Kommunikation möglich und daher auch keine tiefe Gemeinschaft und Beziehung.

Kommunikationsfähigkeit - das Sich-Mitteilen und das Aufnehmen der Gedanken und Äußerungen eines andern - schafft eine tiefgehende zwischenmenschliche Beziehung und gehört daher zu den wesentlichen Prüfsteinen bei der Partnerwahl. Mit diesem Punkt hängt auch die bereits erwähnte Frage der seelischen Harmonie zusammen. Mit einem Menschen, der sich stets in Schweigen hüllt, wird keinerlei seelische Harmonie entstehen können. Auch mit einem Partner, der nie auf das Gesagte eingeht, nie richtig zuhört oder einfach nicht fähig ist, sich mir verständlich zu machen, wird diese Harmonie nicht zustande kommen.

Ein Aspekt der Kommunikationsfähigkeit ist das bewusste Zuhören-Können:

Erinnern Sie sich noch an so manche Situation in der Kindheit, als Sie einen Erwachsenen etwas fragten und eine tadellose Antwort erhielten - auf eine ganz andere Frage?!

Wie enttäuscht waren Sie da. Auch wenn Sie als Erwachsener merken, daß man Ihnen nicht wirklich zuhört, heißt das für Sie Enttäuschung und Frustration. Nur wenn Sie einem anderen zuhören, kommen Sie in wirklichen Kontakt mit ihm; nur dadurch können Sie echten Anteil am Leben des Partners nehmen.

Zuhören ist der Schlüssel zum Verständnis, die Tür zum Herzen der anderen Person.

Echtes Zuhören ist jedoch nicht möglich:

- wenn Sie von vornherein zu wissen glauben, was der andere sagen wird;
- wenn Sie schon von vornherein ein Urteil oder eine „Diagnose" über den anderen gefällt haben;
- wenn Sie versuchen, nur das zu hören, was Sie hören wollen (unweigerlich werden Sie dann Aussagen so verdrehen, daß Sie das mitteilen, was Sie hören möchten, oder Sie legen dem Gesprächspartner andere Worte in den Mund);
- wenn Sie den anderen nicht ausreden lassen oder ihm keine Zeit dazu geben, seine Gedanken zu formulieren;
- wenn Sie sich während Ihres Zuhörens schon die eigene Antwort überlegen und zurechtlegen;
- wenn Sie dem anderen Ihren Willen aufzwingen wollen;
- wenn Sie nicht bereit sind, den anderen grundsätzlich als Mensch mit seiner Eigenart wertzuschätzen und zu akzeptieren
- wenn Sie sich nur um sich selbst drehen!

Echtes Zuhören ist ein wohltuender Ausdruck von echter Liebe und wesentlicher Bestandteil wirklicher Kommunikationsfähigkeit!

Sie sollten sich also fragen: Kann mir mein Partner überhaupt zuhören? Können wir uns einander mitteilen? Ist Kommunikationsfähigkeit vorhanden bzw. wächst sie? Oder reden wir stets aneinander vorbei, hüllen uns in Schweigen oder sind unfähig, ein Problem miteinander zu besprechen?

Gestörte Kommunikationsfähigkeit kann nicht wettgemacht werden durch die Körpersprache - auch nicht durch sexuellen Ausdruck.

Was wir als „seelisches Zusammenpassen" empfinden hängt also vielmehr von der echten Liebesfähigkeit einer Person ab, auf die wir später noch zu sprechen kommen werden. Von der

„Grundausrüstung" her gesehen sollte einfach das Wesen, das Temperament eines Menschen angenehm und sympathisch wirken, ähnlich, wie wir es in körperlicher Hinsicht noch betrachten werden. Hat ein Mensch eine Wesensart, die einem grundsätzlich auf die Nerven geht, sollte von einer Partnerschaft - sofern die Partner vernünftig sind - Abstand genommen werden. Hier wäre ein natürlicher psychischer Riegel vorgeschoben, den man nicht beiseite schieben darf. Doch gerade dieser Punkt wird bei der Partnerwahl oftmals in den Hintergrund geschoben, wenn man vom Körper des andern fasziniert ist. Man begehrt dann so intensiv das Äußere, dass die wesensmäßige Art und Weise des andern gar nicht richtig wahrgenommen wird. Und durch sexuellen Kontakt würde diese Proportionsverschiebung nur noch extremer werden.

In der Eheberatung haben wir wiederholt feststellen müssen, dass sich Paare, die sich von Ihrem Äußeren derart beeinflussen ließen, dass sie die Wesensart sekundär behandelten und doch heirateten, sehr bald an das Äußere des andern gewöhnt hatten. Dadurch „normalisierten" sich die äußeren Reize ebenso - und die Art und Weise des andern nervte einen zusehends, so dass auch die zuvor als sehr positiv beurteilten äußeren Eigenschaften einen Negativcharakter bekamen. Lernen Sie also gründlich das Wesen des andern kennen und lassen Sie sich nicht von der äußeren Schale blenden.

Der körperliche Bereich

Was für Sie selbst „schön" ist und was nicht kann Ihnen eigentlich niemand sagen, denn körperliche Schönheit wird wesentlich von der inneren Schönheit geprägt und verschiedentlich wahrgenommen.

Bei Ihrer Partnerwahl sollten Sie jedenfalls bedenken: die körperliche Anziehungskraft, die äußere Schönheit wird sich ändern. Für manchen sogar schneller als er es vermutet. Was bleibt dann übrig...?

Fragen Sie sich also: Kann ich zu dieser Person JA sagen, auch wenn sie morgen einen Unfall hätte und den Rest des Lebens mit zerschundenem Körper verbringen müsste?

Trotz dieser wesentlichen Grundgedanken hat Gott eine natürliche Anziehung geschaffen. Darüber dürfen wir uns freuen. Doch auch hier ist zu bedenken, dass diese wächst, je mehr man sich kennen- und lieben lernt.

Empfinden Sie jedoch auch bei besserem Kennenlernen körperliche Abneigung gegenüber ihrem Partner, so dürfen Sie getrost wissen: eine Ehe mit diesem Partner liegt nicht innerhalb des Willens Gottes.

Anderseits bedeutet ein schönes, erotisch anziehendes Äußere noch lange nicht, dass auch der Charakter, das Temperament, die Liebesfähigkeit oder die Kommunikationsfähigkeit derart positiv zu beurteilen sind.

Obgleich diese Aussage bei jeder Leserin und jedem Leser sicherlich auf Zustimmung treffen wird, lässt man sich in der Praxis doch nachhaltig von der Wirkung des Aussehens beeinflussen. Aber machen Sie sich jetzt schon folgendes bewusst:

Jeder Mensch wird älter, und dadurch stellen sich Falten und Altersflecken, verschiedene körperliche Abnutzungserscheinungen und andere Gebrechen ein. Diesen Prozess kann keine Kosmetik aufhalten. Die Bilder äußerer Schönheit, denen wir gefrönt haben, werden unaufhaltsam vergehen. Was bleibt?

Die Massstäbe für Schönheit, die man uns übergestülpt hat, sind nicht objektiv, und doch sind wir davon beeinflusst. Machen Sie sich das bewusst, und fragen Sie sich, ob nicht auch schiefe Zähne, kleine Augen, ein wenig Schielen, eine große Nase oder ein breiter Mund „schön" sein können. Es kommt zum großen Teil darauf an, welche Wertungen wir selbst diesen Attributen zuschreiben!

Testen Sie diese Aussage einmal, und versuchen Sie bei der nächsten Begegnung mit einem Menschen, bei dem Sie den ersten Eindruck haben, er habe an seinem Äußeren eine hässliche oder unschöne Eigenschaft, sich zu sagen, dass genau diese Eigenschaft eigentlich interessant, in sich perfekt und schön sei. Sie werden merken, wie leicht sich manchmal das persönliche Empfinden dadurch beeinflussen lässt.

Und doch sollte es keine Frage sein, dass bei der Partnerwahl auch das Äußere beachtet werden muß. Wenn Sie das Äußere eines anderen Menschen als abstoßend empfinden, dann funktioniert hier eine natürliche Schranke, die Ihnen bereits bei der Partnerwahl weiterhilft; denn wenn Sie sich für einen Partner entscheiden, sollten Sie dabei keine Ekelschranke überwinden müssen. Die Anziehungskraft in körperlicher Hinsicht ist zwar nicht das Wichtigste, doch sollte Ihr künftiger Partner mit seinem Äußeren angenehm auf Sie wirken. Sie brauchen „Ihn" nicht als „Mister Universum" oder „Sie" nicht als „Miss World" wahrzunehmen. Nein, das ist nicht nötig. Doch in körperlicher Hinsicht sollte eine angenehme, sympathische Wirkung vorhanden sein.

Körperliche Einschränkungen

Bei diesen Gedanken erscheint es uns auch wichtig, dass zwei Menschen bereits am Anfang einer Beziehung die eventuellen körperlichen Krankheiten, Gebrechen oder Behinderungen voneinander kennen.

Nüchtern und ehrlich zu sich selbst sollte man sich bei einer vorliegenden Behinderung des möglichen Partners fragen: Kann ich diese Behinderung überhaupt voll akzeptieren? Die Art der Behinderung, und inwieweit sie als Hinderungsgrund für eine Partnerschaft anzusehen ist, hängt vor allem von den individuellen Einstellung und dem persönlichen Empfinden dieser Behinderung gegenüber ab.

Falsch wäre es hier, aus Mitleid zu handeln. Mitleid war noch nie eine tragfähige Grundlage für eine eheliche Gemeinschaft; denn Mitleid ist primär ein Gefühl des herzlichen Erbarmens. Doch dieses Gefühl wird mit der Zeit verschwinden, und die froh getragene Einschränkung, die aus Mitleid akzeptierte Behinderung, wird zusehends als Last empfunden. Dies ist dann weder für den nichtbehinderten noch für den behinderten Partner erbauend. Der Behinderte fühlt sich abgewiesen, überflüssig, als lästiges Anhängsel; der Nichtbehinderte kann in eine Märtyrerhaltung versinken (die mit der Zeit die Achtung vor dem andern zerstört), oder er hängt dem Verlangen nach, die „Last" abzuschütteln, indem er aus der Verbindung flieht (ob dies durch offizielle Trennung oder durch ehebrecherische Verbindungen geschieht, ist bei unserer Frage hier zweitrangig).

Zwei Fallbeispiele

Peter und Michael waren Zwillingsbrüder, beide Techniker und beide hatten eine behinderte Frau geheiratet.

Peters Frau litt aufgrund eines Verkehrsunfalls an ihrer Motorik und konnte ihre Bewegungen nicht mehr gut koordinieren, was im praktischen Alltag oft recht schwierige Situationen hervorrief. Peter hatte jedoch keine Probleme mit dieser Behinderung. Er konnte sie voll und ganz annehmen, stellte sich auf verschiedene praktische Hilfeleistungen ein, die er im Alltagsleben gerne tat und hatte mit seiner Frau eine sehr tiefe Beziehung, gemeinsame Ziele, intensiven Gedankenaustausch und Harmonie. Gemeinsam setzten sie sich für Adoptivkinder ein, erfüllten dadurch eine sehr feine Aufgabe und konnten sich in ihrer Zweierschaft gut ergänzen. Nach 17 Jahren Ehe können beide bezeugen: „Wir würden uns wieder heiraten - trotz Behinderung."

Anders war es bei Michael und seiner Frau Susanne. Obwohl sich Susannes Behinderung auf die Beine beschränkte (sie konnte sich nur langsam humpelnd fortbewegen) und sie praktisch die gesamte Hausarbeit gut bewältigen konnte, wuchs bei Michael innerlich immer mehr eine starke Abneigung gegenüber dem Gebrechen von Susanne. Er konnte die Behinderung nicht akzeptieren, sinnierte stattdessen wie schön es doch wäre, wenn seine Frau mit ihm wandern, schwimmen oder Tennis spielen könnte... Durch diese Phantasien wurde er nur noch unzufriedener und kam mit der Zeit zur Überzeugung, daß er in einem ehelichen Manko lebte, dass er mit seiner Susanne zu kurz käme und er am liebsten doch eine andere Frau hätte. Um der gemeinsamen Kinder willen blieb jedoch auch er seiner Frau - mindestens äußerlich - treu, doch die Ehebeziehung hatte sich völlig verflacht. Man lebte nur noch nebeneinander her, versuchte, das alltägliche Familienleben über die Runde zu bringen, war innerlich jedoch weit voneinander entfernt, und bei Susanne stellten sich in den letzten Jahren vermehrt Depressionen ein.

Beide Frauen hatte ihre Behinderung bereits vor der Eheschließung. Michael hatte sich jedoch vor allem von Mitleidsgefühlen leiten lassen, die natürlich nicht anhielten. Nun hätte er nur noch die Chance, ganz bewusst das Gebrechen seiner Frau anzunehmen und mit aller Kraft das Beste, das Förderlichste, das Erbauendste für sie vollbringen zu wollen. Dieses praktische Lieben würde wieder eine Chance zum Zueinanderreifen bieten, zwar ein schwieriger, oft unangenehmer, doch lohnender Weg. Betritt Michael diesen Weg nicht, so wird er sich früher oder später völlig von Susanne distanzieren.

Trotz dieser Überlegungen sollte es keine Frage für einen Ehepartner sein: tritt in der Ehe der Zustand einer Behinderung oder sonstigen Einschränkung ein, darf kein einziger Gedanke darüber verloren werden, ob man das nun akzeptieren kann oder nicht: das willentliche Akzeptieren gehörte zum Ehe- und Treueversprechen. Wer sich auf diese Basis stellt und diesbezüglich keine Zweifel hochkommen läßt, der wird dann auch erleben, daß Gott ihm beim praktischen Akzeptierenlernen und Annehmenkönnen hilft und fördert.

Der soziale Bereich

Prof. Dr. Wilder-Smith schrieb einmal über das aufschlußreiche Verhalten im sozialen Bereich: „Im Büro oder auf dem Tanzboden kann er galant und höflich sein, zu Hause kann er aber auf die Dauer alles andere als ein Gentleman sein. Wenn die Mutter der angehenden Braut diese bittet, das Haus zu fegen oder bei dem riesengroßen Aufwasch zu helfen, kann ihr Verehrer schnell ihren wirklichen Charakter erkennen. Wie der junge Mann mit seiner Mutter zu Hause umgeht, wird der jungen Dame klarmachen, wie er mit ihr später umgehen könnte."

Wenn man einer Verbindung zwischen der Studienrätin und dem Angestellten der städtischen Müllabfuhr abrät, dann hat dies nichts mit der Diskriminierung eines Berufes zu tun, sondern mit der drohenden Wahrscheinlichkeit, dass beide in ihrem geistigen Austausch aneinander vorbeireden. Das heißt nicht, daß sich nur Abiturienten mit Abiturientinnen und Hauptschüler nur mit Hauptschülerinnen verbinden sollten - es gibt sehr intelligente Hauptschüler und hoffnungslos querdenkende Abiturienten. Auch hier ist es wichtig, dass Harmonie gegeben ist, dass man die „gleiche Wellenlänge" trifft. Ein Metzgermeister wird wohl schwer mit einer überzeugten Vegetarierin harmonieren - auch wenn beide Christen sind. Harmonie entsteht dort, wo - sehr wohl verschiedenartige - Töne zu einem Akkord zusammenfinden.

Erst jetzt sollten noch Gebiete erwähnt werden, die in säkularen ehelichen Verbindungen oft an vorderster Stelle stehen: Beruf, familiärer Hintergrund, Hobbys, Sportarten, Vermögen, Liebhabereien usw.

55

Wichtig ist hier vor allem, welchen Stellenwert das Hobby, der soziale Status oder das Vermögen im Leben des Partners einnehmen. Ist der Partner davon überzeugt, dass „Kleider Leute machen", dass „Geld die Welt regiert", und sucht er darin sein Wertgefühl, dann würde dies berechtigte Zweifel an der Gesundheit seines geistlichen Bereiches aufkommen lassen; die Störungen hätten sich offensichtlich im sozialen Bereich ausgedrückt.

Wachsendes persönliches Kennenlernen

Um etwas prüfen zu können, muß man die Sache auch wirklich *kennen*. Wer sich Hals über Kopf verliebt und eine Partnerschaft eingeht, wird nicht wirklich prüfen können, weil er noch keine Zeit zum Kennenlernen hatte.

Viele Partnerschaften werden der Möglichkeit des persönlichen Kennenlernens beraubt, gerade weil man vor allem gemeinsame sexuelle Erfahrungen sucht. Doch dann wird die Zeit für ein seelisches Kennenlernen fehlen. Die Wellen der Erotik schlagen hoch über die anderen Bereiche, die sich dadurch nicht entfalten können. Flacht in der Ehe dann diese Welle ab, kommt das böse Erwachen: „So habe ich ihn (sie) ja noch gar nicht kennengelernt...".

Richtiges Kennenlernen geschieht somit durch Gespräch, Gedankenaustausch, durch gemeinsames Arbeiten, z.B. in einem christlichen Dienst, im achtungsvollen Umgang miteinander, im gemeinsamen Überwinden von Versuchung, von Problemen, von Hindernissen, im gemeinsamen Erleben von Freud und Leid, von Spaß und Traurigkeit, von Erfolg und Niederlage.

Nehmen Sie sich Zeit, bewegen Sie die einzelnen biblischen Prinzipien im Gebet vor Gott, und bitten Sie Ihn um einen objektiven, realistischen Blick.

Was man fürs bessere gegenseitige Kennenlernen im Hinblick auf eine Ehe besonders empfehlen kann: Lesen Sie miteinander ein offenes, christliches Ehebuch (Empfehlung: „Bevor du Ja sagst" von H. Müller, Hänssler-Verlag, Neuhausen/Stuttgart) und sprechen Sie darüber. Hier gibt es nicht nur aufschlußreichen Gesprächsstoff (und für jeden etwas zum Lernen, das ihm für die Zukunft zugute kommt), sondern es werden dabei auch die inneren Überzeugungen, Meinungen und Geisteshaltungen der Partner klar.

Eine ähnlich positive Frucht kann ein gutes christliches Ehe-seminar hervorbringen, das Sie miteinander besuchen.

Oftmals wird der Gedanke bewegt, inwiefern ein Kennenler-nen über eine größere Entfernung hinweg möglich und sinnvoll ist. Läßt man sich die notwendige Zeit, stellt eine große räumli-che Entfernung nicht unbedingt ein Hindernis dar. Gerade der tiefe Gedankenaustausch durch Briefe eröffnet weite Horizonte beim Sich-Kennenlernen. Am besten jedoch wir lassen zwei Paare berichten, die sich durch den Christlichen Partnerschafts-Dienst (cpd) kennengelernt hatten, jedoch weit voneinander ent-fernt wohnten:

„Zuerst dachte ich: nein! Berlin-Bern, diese Entfernung ist doch eine zu große Distanz; und außerdem bin ich weder moto-risiert noch (aufgrund meiner leitenden beruflichen Stellung) leicht abkömmlich... doch - so musste ich mir von einem guten Freund sagen lassen - könnte ich durch meine Distanz-Abnei-gung nicht Gottes Weg einengen? Heute darf ich dankbar als Zeugnis folgende Erfahrung mitteilen:

Wir trafen uns anfangs (wegen der Entfernung) nur ein einzi-ges Mal persönlich. Es gab weder große Gefühle noch besonde-re „Anziehungskräfte“. Doch konnten wir einen guten geistli-chen Gleichklang feststellen.

Ein halbes Jahr lang schrieben wir uns nur und telefonierten einige wenige Male miteinander. Durch diesen Austausch per Brief kamen wir uns geistlich-seelisch in nie erwarteter Weise näher. Wesentliches, was wirklich wichtig ist bei einem Men-schen - das lernten wir so aneinander kennen!

Schließlich - ca. sieben Monate nach unserem ersten Ken-nenlernen - trafen wir uns anlässlich eines Seminars wieder. Es war, als kannten wir uns schon jahrelang! Während meines Ur-laubs, den ich dann in der Nähe meiner - inzwischen sehr nahe-stehenden - Freundin verbrachte, konnten wir schöne gemein-same Stunden erleben und auch unsere Verlobung planen. Wir kannten uns nun mit Sicherheit besser als Paare, die sich über ein halbes Jahr z.B. an jedem Wochenende sahen (und deren

Begegnungen oftmals durch mancherlei Anfechtungen litten und - seelisch gesehen - an der Oberfläche blieben)!

Die große Distanz brachte uns einen Segen, den wir nicht missen möchten. Ich bin sehr froh, dass ich mich damals nicht durch die Entfernung abhalten ließ..." (Kurt K.)

Und Karl und Viola Brunner schrieben: *„...nebenbei stellten wir fest, dass die Entfernung gut war, da jeder nun wirklich prüfen musste, ob er sich eine Ehe mit dem anderen vorstellen konnte, auch wenn die Gefühle nicht immer am Hoch lagen, oder durch Missverständnisse per Telefon oder Brief der andere nicht als Supermann oder -frau erschien; Schwächen wurden gesehen und besprochen. Für uns beide war es zugleich ein dauerndes Verbundensein mit Gott. Was war nun Liebe? Karl war schon nach drei Monaten sicher, dass Gott uns zusammengestellt hatte. Viola wusste es erst zwei Monate später. So besuchten wir ein Seminar für Verlobte, bewältigten zusammen noch manche Schwierigkeiten und feierten am 30. August unser Versprechen..."*

Die Wogen der Gefühle

Nun müssen wir unbedingt einige Gedanken im Bezug auf die Gefühle bewegen; denn die übliche Meinung ist doch, man müsse sich einfach über beide Ohren verlieben und sich dann fragen, ob diese Verliebtheitsgefühle wohl etwas länger andauern oder nicht. Wenn ja, dann sei dies ein Hinweis auf den richtigen künftigen Ehepartner.

Kein Wunder, daß derart viele Ehen am scheitern sind; denn wenn Liebe nur ein Gefühl wäre, das einen so aus heiterem Himmel überfällt, dann könnten wir tatsächlich nur (leider in unrealistischer Weise) hoffen, daß es in einer Art magischer, geheimnisvoller Weise andauert. Würde es aber dann dahinschwinden (was absehbar ist!), dann hätten wir kaum eine andere Wahl als vom Tod der Liebe zu reden und unsere Blicke auf einen anderen Partner zu werfen.

Wie wir später noch aufzeigen werden, ist Liebe nicht einfach ein Gefühl, obwohl Liebe sich in entsprechenden Gefühlen ausdrücken wird. Es sind aber auch Liebes- oder Verliebtheitsgefühle ohne echte Liebe möglich! Echte Liebe ist grundsätzlich eine innere Einstellung: für diesen Partner möchte ich mein Leben lang das Beste, möchte ihn fördern und ihn glücklich machen - auch wenn es durch Lebenskrisen, -tiefen oder durch Gefühls-Wüsten geht. Das ist die innere Grundlage für die Entwicklung von Liebesfähigkeit. Weil ich nämlich das Beste für den anderen will, befasse ich mich mit ihm, möchte ihn besser kennenlernen, will erkunden, wie ich ihn überhaupt fördern kann.

Gefühle der Verliebtheit haben zwar in diesem Rahmen ihren berechtigten Platz, doch sie verfehlen ihre Aufgabe, wenn man sie zur Basis einer Liebesbeziehung machen möchte. Verliebtheitsgefühle sind ja auch weitaus mehr ichbezogen: ich empfinde eine Sehnsucht nach diesem Menschen; ich habe ein Verlangen; ich, ich, ich... Die wichtige Frage, ob ich überhaupt dazu in der Lage bin, diesen Menschen glücklich zu machen oder ihn zumindest in seinem Leben zu fördern (tiefstes Glück kann ein Mensch einem andern Menschen sowieso nicht existenziell schenken, denn dieses Bedürfnis kann nur vom Schöpfer selbst gestillt werden) läßt das Verliebtheitsgefühl außer acht.

Spaßeshalber wird oft behauptet, EHE sei die Abkürzung von „errare humanum est" (lat.: „irren ist menschlich"). Dass dies bei manchen Zeitgenossen zutrifft, wollen wir nicht bezweifeln. Tatsächlich wird manch frischgebackenem Ehepartner plötzlich klar, daß er sich geirrt hat. Er ist enttäuscht. Eine Ent-Täuschung aber ist immer das Ende einer Täuschung. Wer sich nie täuscht, erlebt auch keine Ent-Täuschung. Enttäuscht wird jener Mensch, der sich geirrt hat.

„Ich sag's ja schon immer", meint vielleicht ein enttäuschter Ehegatte, „ich habe mich geirrt und die falsche Frau geheiratet!" Moment mal, lieber Mann! Bevor man den Grund für seine Enttäuschung so lauthals preisgibt, sollte man die Ursachen etwas genauer unter die Lupe nehmen - und wahrscheinlich merken, dass solche leichtfertigen Floskeln keineswegs der Grund der Enttäuschung sind. Die Ursachen liegen ganz woanders.

Auslöser für Verliebtheitsgefühle

Oftmals beginnt eine Zweierbeziehung mit einer Art Verliebtheit. Irgendein Wesenszug, eine Eigenschaft oder lediglich das anziehende Äußere eines anderen Menschen wecken in mir Gefühle, lösen eine Reaktion aus. Besonders dann, wenn gewisse Merkmale mit einem unbewußten Bild, das ich von einem idealen Partner habe, übereinstimmen. Daher erscheint einem der andere auch plötzlich so vertraut.

Innere Bilder

Sabine schwärmte schon als junges Mädchen von einem bekannten Schauspieler, dessen Bilder die Wände ihres Zimmers zierten. Sie sah sich alle seine Filme an, träumte von ihm und hütete eine persönlich unterzeichnete Autogrammkarte wie einen Schatz.

Viel später, als sie bereits das Gymnasium besuchte, wurde Sabine von einem jungen Mann angesprochen, der dem früheren Schauspieler-Idol sehr ähnelte, was Sabine jedoch gar nicht mehr bewußt war. Doch sie verliebte sich in den jungen Mann auf den ersten Blick. Diese Verliebtheit wurde bald verstärkt, als Sabine von den sportlichen Leistungen des jungen Mannes erfuhr (die ebenfalls dem Jungmädchen-Idol ähnelten). Sie war überzeugt, den Mann fürs Leben gefunden zu haben. Jungmädchenträume wurden wahr.

Auf Anraten der Eltern ließ sich Sabine glücklicherweise auf keine schnelle, enge Verbindung ein. Mit der Zeit entdeckte sie auch viele negativen Züge bei ihrem Verehrer. Er war völlig unzuverlässig; ein Versprechen, das er gab, war ihm genausoviel wert wie eine leere Bierdose. Er dachte nicht daran, auch nur ein klein wenig von seiner Bequemlichkeit, seinen Interessen und Wünschen für die neue Freundschaft zu opfern. Sabine mußte erkennen, dass er nur für seinen Glanz lebte, dass er nur seine eigenen, egoistischen Bedürfnisse gelten ließ - alles andere war ihm ziemlich egal. Die hübsche Sabine diente ihm lediglich als weiteres Schmuckstück, das seinen eigenen Glanz unterstrich. Zum Glück erkannte Sabine noch früh genug, dass eine Ehe mit jemandem, der sich als Bauchnabel der Welt sah, sicherlich schiefgehen musste.

„Liebe auf den ersten Blick ist genauso zuverlässig wie eine Diagnose auf den ersten Händedruck" - wie wahr ist doch dieser Ausspruch! Verliebtheit ist niemals ein Garantieschein für eine gute Partnerschaft. Verliebtheitsgefühle reichen nicht für eine gute Ehe. Verliebtheitsgefühle halten auch nicht an (das zu glauben, fällt einem verliebten Paar sehr schwer) - sie muß echter, beständiger Liebe weichen, oder sie mündet in frustrierende Gleichgültigkeit.

Verliebtheitsgefühle sind wie die aufsprießenden, duftenden Kirschblüten im Frühjahr. Die Blütenblätter werden garantiert abfallen! Die Frage ist, ob daraus eine Frucht - echte Liebe - entsteht oder nicht. Denn nicht jede Blüte wird bestäubt, so dass sich eine reife Kirsche bilden kann. Genausowenig führt jede Verliebtheit zu reifer Liebe.

Die „Chemie" von Verliebtheitsgefühlen

Verliebtheitsgefühle sind nicht aus „dem Stoff, aus dem die Liebe ist". Interessant in diesem Zusammenhang ist ein Bericht des Deutschen Forschungsdienstes, demnach „Herzflimmern, Glücksrausch und alles, was Liebende sonst noch beim Gedanken an den geliebten Menschen empfinden können, möglicherweise auf das Wirken einer körpereigenen Substanz zurückgehen. Sie heißt *Phenyläthylamin*, ist ein regelrechtes Aufputschmittel und wird im limbischen System des Gehirns gebildet, das Ausgangspunkt des Gefühlslebens ist."

Mit anderen Worten werden bei Verliebtheitsgefühlen ein paar Dutzend verschiedene Hormone wie z.B. das Phenyläthylamin in die Blutbahn ausgeschüttet und erzeugen diese aufregende Gemütsverfassung. Mit Sicherheit enden diese Gefühle wieder. Sie erleben keinen Dauerzustand. Wie tragisch, wenn jemand die Verliebtheitsgefühle mit Liebe verwechselt. Da steigt er nämlich eines Morgens aus der Badewanne und meint, die Liebe sei verschwunden, er könne den Partner nicht mehr lieben, weil eben diese Gemütsverfassung nicht mehr vorhanden sei.

So erklärte einmal ein Automechaniker, der wieder einmal eine seiner zahlreichen Freundinnen „hat fallen" lassen: „Da fühlte ich plötzlich keine Liebe mehr und machte Schluss..."

Noch tragischer ist es, wenn zwei Menschen nur aufgrund ihrer Verliebtheitsgefühle eine Ehe eingehen - und bereits nach ein paar Monaten das Ende der Gefühle feststellen müssen! Verliebtheitsgefühle können zwar den ersten Impuls für eine Beziehung geben, doch die wichtigste Frage wird sein, ob aus diesen Verliebtheitsgefühlen tatsächlich Liebesfähigkeit entsteht oder nicht. Die alleinige Existenz von Verliebtheitsgefühlen zeugt noch nicht davon, dass auch Liebesfähigkeit und Du-Bezogenheit vorhanden ist.

Gerade in diesem Bereich besteht die Partnerwahl-Prüfung im ehrlichen Hinterfragen der eigenen Motive. Was zieht mich am andern überhaupt an? Was hat eventuelle Verliebtheitsgefühle ausgelöst? Meine ich mich, oder meine ich tatsächlich den andern?

Es gibt Hunderte von Ursachen, die Verliebtheitsgefühle auslösen könnten. Und wenn es sich dabei um den „ersten Blick" handelt, ist der Grund für die Verliebtheit mit Sicherheit (noch) nicht „die Liebe".

Körperliche, seelische und soziale Attribute

„Heiße Blicke" aus hellblauen Augen können genauso Auslöser sein (für das Phenyläthylamin?) wie lange, pechschwarze Haare, wie die Tatsache des Begehrtwerdens und Umworbenseins - oder auch einfach der zärtliche Körperkontakt (beispielsweise beim Tanzen). Daher: Man nimmt diese Verliebtheitsgefühle zur Kenntnis, wartet am besten mal ab und wird ruhig darüber. Erst beim richtigen Kennenlernen des andern wird es sich zeigen, ob überhaupt eine Basis für echte Liebe zum Vorschein kommt. Verliebtheitsgefühle sind grundsätzlich kein Fingerzeig dafür! Eine starke Zuneigung oder Verliebtheit kann beispielsweise auch durch die hoffnungsvolle Erwartung auf Problemlösungen geweckt werden:

Hans fühlt sich einsam, kommt mit sich selbst nicht zurecht und weiß nicht, was er mit sich anfangen soll. Er bemitleidet sich und verlangt nach Selbstbestätigung. Sein ganzes Verlangen, seine ganze Sehnsucht gilt einem Menschen, bei dem er sich aussprechen kann. Da trifft er auf Gabriele, die - man höre und staune - dieselben Probleme hat wie er. Also, was hindert's...?!

Nun stellen Sie sich aber einmal vor, es hätte jemand Probleme, beim Singen den Ton richtig zu treffen. Stets singt er einen Viertelton tiefer oder höher, was sich ja - wie viele sicher aus Erfahrung wissen - grauenhaft anhört. Da trifft er jemanden mit demselben Problem. Also, was hindert's...? Sie tun sich zusammen und singen im Duett. Wer möchte sich diesem „Ohrenschmaus" gerne aussetzen...? Wer möchte das Kind von Hans und Gabriele sein ...?

Bei manchen wird Zuneigung geweckt (oder Phenyläthylamin ausgeschüttet) weil sie die Möglichkeit sehen, endlich vom Elternhaus wegzukommen; weil er Steuern sparen und sie nicht mehr ihrer Berufsarbeit nachgehen möchte; weil er eine Haushälterin und sie jemanden braucht, den sie bemuttern kann; weil er Angst vor dem späteren Alleinsein hat und sie sich davor fürchtet, sitzenzubleiben.

So konnte man in einer schwäbischen Zeitung ein Heiratsinserat lesen: *„Ich, Bauer, 34 J. alt, suche auf diesem Wege dringend eine schaffige Frau mit Mähdrescher. Mähdrescher am besten: John Deer mit automatischer Ballenbündelung..."*

Die persönlichen Erwartungen an den Partner mögen ganz verschieden sein, jedenfalls reichen sie nicht für eine gute Ehe aus - auch wenn er sie teilweise erfüllen kann; denn Erwartungen haben nichts mit echter Liebe zu tun. Und ohne Liebe funktioniert eine Ehe nicht. Damit sind wohl die meisten einverstanden. Ja, fast alle Verliebten sind davon überzeugt, daß die einzige, wichtige Ehegrundlage die Liebe ist. Ohne Liebe keine Ehe. Stimmt! Doch warum werden so viele „aus Liebe" geschlossenen Ehen (heutzutage wird man ja nicht mehr einfach „verkuppelt", sondern kann frei entscheiden) so unglücklich?

Der Grund dafür ist, dass man nicht weiß, was Liebe ist! Verliebtheit ist eben noch keine Liebe! Liebe ist auch nicht heißes

Blut, singendes Gefühl oder unsterbliches Verlangen. Überhaupt kann man dort nicht von Liebe sprechen, wo die Motive Angst vor persönlicher Vereinsamung oder der Wunsch nach einem warmen Nest sind. Da wird vor allem ein verhätscheltes Ego geliebt und versucht, sich ganz persönliche Wünsche zu erfüllen. Hier ist wohl der Wille zu einer Schlaf- und Eßgemeinschaft vorhanden, nicht aber der Wille zur Liebes-Ehe. Für eine solche Bedarfs-Liebe bringt die Ehe dann tatsächlich den Tod. Alle Verliebtheit und Zuneigung endet da einmal - spätestens beim ersten Kind und seinen nächtlichen oder frühmorgendlichen Gesangs-Anstrengungen und Schrei-Arien.

Das „Dornröschen-Syndrom"

Ein großes Problem scheint uns in diesem Zusammenhang auch das „Dornröschen-Syndrom" zu sein, dem manche bezüglich der Partnerwahl verfallen sind. Bekanntlich schlief im Märchen das Dornröschen einen hundertjährigen Schlaf, keinen selbsterwählten, erquicklichen, freiwilligen, sondern einen erzwungenen. Genauso sehen viele alleinstehende Menschen ihren Zustand an: Sie sind nicht freiwillig alleinstehend; sie hätten es gern anders. Das Single-Dasein wird als Manko, wird als negativ empfunden. Also wartet man auf einen „Prinzen", der bereit ist, das wild wuchernde Dornengestrüpp zu durchbrechen und mit einem zärtlichen Kuß die (oder auch den) Schlafende(n) zu neuem, interessantem, positivem Leben zu erwecken.

Diese Erwartungshaltung wird oftmals unbewusst einem „Interessenten" entgegengebracht, der dadurch natürlich hoffnungslos überfordert wird. Kommt solch ein vermeintlicher „Prinz" daher, so kann es sein, daß sich die gesamte Gefühlswelt bereits an ihm „festbeißt", denn von ihm wird „Erlösung aus dem Dornröschen-Schlaf", von ihm werden Freiheit, Sinn und Glück erwartet.

Im Alltag bemerkt das „wachgeküßte Dornröschen" dann - leider oft viel zu spät - dass der „Prinz" ihre Erwartungen keineswegs erfüllen kann. Ja, „Dornröschen" muß sogar feststellen: wenn „ihr Prinz" die Socken nicht wechselt, hat er Schweißfüße und wenn er die Zähne nicht putzt, Mundgeruch - er ist ja ein so „einfacher, begrenzter" Mensch. Und bei diesen „Erkenntnissen" verfliegen dann leider nicht nur die Verliebtheitsgefühle, sondern auch der Wille und die Bereitschaft, Lieben zu lernen. Doch ist das überhaupt möglich? Kann man Liebe lernen? Lassen Sie uns zu diesem Thema nun ein paar Gedanken miteinander bewegen.

Vom Wesen der Liebe

Liebe ist so unergründlich, vielschichtig, multidimensional, daß man sie mit menschlichen Worten nicht definieren kann. Selbst der Apostel Paulus konnte uns nur mitteilen, wie sich Liebe ausdrückt, welche Eigenschaften sie besitzt, nicht aber *was* sie ist. Und das ist auch verständlich, denn „Gott ist Liebe". Genausowenig wie wir Gott erklären können, können wir die Liebe erklären. So wollen wir nun auch versuchen aufzuzeigen, wie sich Liebe ausdrückt.

Liebe sucht das Beste für den andern

„Ich mag sie, die Blume", sagt er, genießt ihren Duft, freut sich über die leuchtende Blüte und die erquickenden Farbkompositionen. Dann reißt er sie ab, nimmt sie mit nach Hause und stellt sie in eine Blumenvase, um sich weiter an der Blume zu erfreuen. Eigentlich war das keine Liebe; denn nach ein paar Tagen wird er eine verwelkte Blume in den Abfalleimer werfen. Liebe meint grundsätzlich den andern und sucht das Beste für ihn. Liebe fragt nicht „was bringt mir das?", sondern „was kann ich für dich sein?"

Wenn ein junger Mann nach einem Tanzabend zu seiner Partnerin sagt: „Ich mag dich, komm mit mir ins Bett, wir wollen uns lieben", dann meint er damit keine Liebe, sondern sich selbst, seine Befriedigung, Drüsenfunktion, ichbezogene Sättigung - und setzt dabei seine „Blume" großen Gefahren und negativen Folgen aus.

Dostojewsky meinte: „Lieben heißt, den andern so zu sehen, wie Gott ihn sich gedacht hat". Wir denken das biblische Lieben geht weit über das hinaus: nämlich dem andern auch dazu zu verhelfen, ihm zu dienen, damit er zu dem werden kann, was Gott mit ihm beabsichtigt hat.

Liebe ist höchste Wertschätzung des andern und besitzt ein feines Gespür für dessen Nöte und Bedürfnisse. Solche echte Liebe überfällt uns nicht plötzlich aus heiterem Himmel, sondern muß erlernt, gewollt, geübt, erarbeitet werden. Sie ist eine lebenslange Verpflichtung und unabhängig von unserer Gemütslage, völlig unabhängig davon, ob ich im Augenblick Zuneigung empfinde, Verliebtheitsgefühle feststelle oder „Lust" zum Lieben habe.

Liebe beinhaltet Opferbereitschaft

Da Liebe auch eine ständige Opferbereitschaft beinhaltet, muß Liebe manchmal buchstäblich „erlitten" werden. Um der Liebesbeziehung willen wird auf Erlaubtes verzichtet, Gefährliches vermieden, Gewohntes losgelassen. Man legt sich selbst Beschränkungen auf, um den andern beschenken zu können. Man schreibt einen Brief, statt passiv fernzusehen; man verzichtet auf bisherige Gewohnheiten und Freuden, um den andern bereichern zu können.

„Es ist schön, für *andere* zu leben", meinte Grillparzer und gab uns damit eine Richtschnur für echte Liebe: Sie wetteifert darin, sich *dem anderen* zu verschenken! Diese Bereitschaft bleibt auch in der Ehe nicht bei dem erreichten Zustand stehen, sondern entfaltet einen konstruktiven Wettstreit: Was kann ich tun, damit unsere Ehe noch besser wird? Und da wird klar, dass ich *mehr* tun muss als mein Partner, dass ich den anderen - menschlich geredet - übertreffen will an Selbstlosigkeit, an kleinen Aufmerksamkeiten, an Güte und Verständnis.

Hier liegt meist der Grund für gescheiterte Liebesbeziehungen: Man hatte *Erwartungen*, die dann enttäuscht wurden; man hatte Hoffnungen auf dies und jenes - und das Grundsätzliche, *der Wille zur Opferbereitschaft*, fehlte. Daher fehlt auch echte Liebe. Und wie man allgemein richtig feststellt: ohne Liebe keine Ehe. Da hat man also nicht den Falschen geheiratet, sondern keine Liebesfähigkeit mit in die Beziehung gebracht! Die Ehe scheitert nicht daran, dass man nicht zusammenpasst, sondern dass man nicht willig ist, das Beste für den andern zu wollen und zu tun. Wenn jeder Partner nur sich selbst meint, läuft eine Zweierbeziehung tot. Heiraten Sie also nur einen Partner, der bereit ist, zu lieben, bereit ist, lieben zu lernen - schon vor der Ehe!

Edith, 27 Jahre alt, las in der Zeitung folgende Anzeige: *„Selbstinserent. Ich, 30 J., 179 cm, schlank, bisher wegen eigenem gutgehenden Geschäft sehr in Anspruch genommen, wünsche mir nun eine treue Lebensgefährtin. Meine Hobbys: Tennis, Reiten, Lesen. Bitte schreib mir unter..."*

Das klang vielversprechend, und so schrieb Edith einen Brief und legte ein Foto bei. Man traf sich in einem noblen Restaurant. Erkennungszeichen: Duden (den sich Edith erst anschaffen musste) unterm Arm. Man überwand das erste peinliche gegenseitige Taxieren, sprach über Interessen und Hobbies, über Kinder-Erziehungsfragen und Elternhaus und war schließlich davon überzeugt, einen netten, interessanten Menschen kennengelernt zu haben, mit dem man den Ehehafen ansteuern kann.

Schon drei Monate später fand die Hochzeit von Edith und Werner statt. Tränen der Mütter, ein schmachtendes Minnelied der Schwägerin, viel Kuchen, Torte, Sekt und Eiscreme; dann die erste Enttäuschung, weil die Hochzeitsnacht nicht so verlief, wie in Dutzenden von Romanen vorher gelesen; die Hochzeitsreise nach Griechenland und die ersten Streitigkeiten wegen dem Zeitpunkt des Lichterlöschens und dem Fernsehprogramm. Wesentlich nachdenklicher trat das Paar die Rückreise an, doch der Reiz des Neuen hielt noch an.

Nach vier Monaten verbrachte Edith wieder einmal einen einsamen Sonntagnachmittag. Werner befand sich mit seinen Freunden auf einem Ausritt. Er „brauche dies regelmäßig" als Ausgleich für den geschäftlichen Stress. Sie selbst konnte nicht reiten, hatte auch kein besonderes Interesse daran (und etwas Angst vor den großen Pferden).

Versuchen, ihr die Angst zu nehmen, ihr das Reiten beizubringen, dazu hatte Werner weder Zeit noch Geduld. Also verbrachte sie fast jeden Sonntagnachmittag allein. Montagabend, nach der Arbeit, las Werner den „Spiegel". (Werner informierte sich gerne über das Zeitgeschehen, daher hatte er zusätzlich noch „die Welt" abonniert - er war ja so interessiert!) Dienstagabend war Tennisabend (an dem Edith ebenfalls kein Interesse hatte - wegen den „unmöglichen" Leuten dort). Ja, und dann gab es Abende, an denen Werner „Kunden treffen" musste oder ein Geschäftsessen hatte oder man „Gemeinschaft" vor dem Fernseher pflegte, den Werner nüsseknabbernd von seinem Sessel aus per Fernbedienung steuerte... nach bereits zehn Ehe-Monaten, die von immer heftiger werdenden Auseinandersetzungen gezeichnet waren, entschloss man sich schließlich zur Scheidung.

Wo der Wille zum Opfer fehlt, fehlt der Wille zur Ehe! Wer nicht auf persönliche Bedürfnisse verzichten will, sollte auf die Ehe verzichten! Wer also wissen möchte, ob er für die Ehe geeignet ist, soll sich fragen, ob er lernen will, den *anderen* zu meinen, sich ihm zu verschenken, das Beste für ihn zu suchen. Ein liebender Mensch will nicht in erster Linie glücklich werden, sondern glücklich machen. Eine Ehe braucht Liebe, um funktionieren zu können. Das Unvermögen zu lieben und der Mangel an Opferwilligkeit sind die häufigsten Ursachen von Ehekrisen.

Doch hier liegt auch die große Chance für jede Ehe; denn Liebe kann man tatsächlich lernen. Liebe ist mehr eine Willenssache als eine Gefühlssache. Sie muss Ziel und Sinn der Ehe kennen, sonst wird auch die Liebe ziel- und sinnlos.

Wir sollten unbedingt erkennen, dass die Märchen und die Liebesromane eine Liebes-Schein-Welt vorspielen, die mit der Realität wenig zu tun hat. Die Liebeswirklichkeit sieht völlig anders aus. *„Sie heirateten und waren glücklich bis an ihr Ende. Und wenn sie nicht gestorben sind, dann leben sie noch heute..."* Liebeswirklichkeit ist kein „und sie lebten glücklich bis an ihr Ende..." Da wirft nämlich der Prinz dem Aschenbrödel plötzlich ihre soziale Herkunft vor, und sie schreit zurück, so einen wie ihn hätte sie an jedem Finger zwei haben können. Und Dornröschen muß sich das Gejammer über die Kratzer vom Rosengestrüpp anhören. Schneewittchen schließlich leidet unter Depressionen, weil ihr Mann ihre böse Stiefmutter um die Ecke gebracht hat.

Die Kunst der Liebe besteht darin, die Liebesgefühle eines Roman-Rendezvous in eine Liebe der nüchternen Wirklichkeit zu verwandeln.

Und wenn die Gefühle erlöschen?

Hans erklärte mir im Beratungs-Gespräch, dass er seiner Frau gegenüber überhaupt nichts mehr empfinden würde. „Doch", meinte er hinzufügend, „ich empfinde starke Abneigung!" Er war seit zwölf Jahren verheiratet. Auch Renate, seine Frau, teilte mir mit, dass sie ihren Mann nicht mehr lieben kön-ne. „Woher wissen Sie, dass Sie ihn nicht mehr lieben?" fragte ich.

„Weil ich nichts mehr für ihn empfinde, und das schon seit län-gerer Zeit."

Eine ausweglose Situation? Nein, ganz und gar nicht. Aller-dings mussten Hans und Reante gründlich umdenken. Sie nah-men ihre Gefühle zum Massstab für ihre Liebe, und da - wie wir bereits festgestellt haben - Gefühle abflauen können, meinten die beiden, dass auch ihre Liebe automatisch aufhören würden, wenn die Gefühle Anzeichen des Erlöschens von sich geben. Als sie wieder lieben lernten, stellten sich nach einiger Zeit auch wieder die ersten positiven Gefühle dem andern gegenüber ein. Sie mussten bildlich gesprochen das Flussbett schaffen (willent-lich), in das sich dann wieder die Flut von Gefühlen der Zunei-gung und Sympathie ergießen konnte.

Eine der größten Lügen unserer Gesellschaft will uns weis-machen, die Gefühle würden grundsätzlich über die Realität

Auskunft geben. Wer dies glaubt wird in seinen zwischenmenschlichen Beziehungen unweigerlich in einer Sackgasse landen.

Nochmals: Liebe ist nicht in erster Linie Gefühl, sondern eine Haltung, die sich in Handlungen ausdrückt. Zu dieser Haltung (mit ihren Handlungen) komme ich u.a. aufgrund willentlicher Entscheidungen, nicht aufgrund drängender Empfindungen. Gefühle folgen in diesem Zusammenhang meist den Handlungen der Liebe nach. Gefühle sollen Helfer, Diener sein, nicht aber Diktatoren über unsere Verhaltensweisen. Wer sich lediglich von seinen Gefühlen leiten lässt, wird von ihnen immer mehr abhängig und versklavt werden. Dieses Verhältnis zwischen praktischem Lieben und Liebes-Gefühlen möchten wir an einem Beispiel etwas verdeutlichen, wobei wir uns bewusst sind, daß jeder Vergleich hinkt!

Vergleichen wir „lieben" mit dem Autofahren. Zum Autofahren gehört zuerst eine willentliche Entscheidung: Ich setze mich hinters Steuer, drehe den Zündschlüssel, lege den Gang ein und fahre los. Zum Fahren gehören nun auch willentliche Handlungen: steuern, gasgeben, bremsen... ich fahre also Auto, indem ich die dazu nötigen Handlungen willentlich ausführe. Für manchen ist das Autofahren aber erst dann interessant, wenn er beim Fahren in den Rückspiegel schauen und sehen kann, wie sich hinter ihm eine gewaltige Staubwolke bildet. Je mehr er Gas gibt, desto höher wirbelt der Staub auf. - „Herrlich", denkt er, „jetzt fahre ich erst richtig!"

Vergleichen wir die Staubwolke (Phenyläthylamin?) mit dem Liebes-Gefühl oder den Verliebtheitsgefühlen. Die Haltung und Handlung „lieben" (autofahren) hat also entsprechende Gefühle (Staubwolke) zur Folge. Das ist erfreulich.

Doch nun kommt das Entscheidende: Unser Autofahrer kommt bei seiner rasanten, staubaufwirbelnden Fahrt in einen Wolkenbruch; es gießt in Strömen, und siehe da: der Staub ist plötzlich weg, keine Staubwolke mehr vorhanden! In solche „Wolkenbrüche" kommt jedes Ehepaar. Da fehlen plötzlich diese „Liebes-Gefühle", das Zueinanderhingezogensein, des Verliebtseins, der Sehnsucht.

Nun meinen manche Eheleute, sie würden sich nicht mehr lieben, wenn´s nicht mehr „staubt". Doch genauso, wie unser Autofahrer über die nasse Straße ohne Staubwolke weiterfährt, ja weiterfahren muß, genauso ist es möglich, weiter zu lieben - auch ohne Verliebtheitsgefühle.

Den größten Fehler, den unser Autofahrer nun begehen könnte, wäre anzuhalten, auszusteigen und nach der Staubwolke Ausschau zu halten.

Er mag Glück haben, die Straße kann trocknen, und die Staubwolke bei der späteren Weiterfahrt vielleicht wieder sichtbar werden. Steht unser Autofahrer jedoch auf einem Stück asphaltierter Straße, so kann er dort warten bis er alt ist: er wartet vergeblich, und er fährt (liebt) tatsächlich auch nicht mehr.

Diesen Fehler begehen viele Ehepaare. Das Gefühl ist weg, folglich hören sie auf zu lieben mit der Begründung: „Ich kann doch nicht das oder jenes tun, ohne dabei etwas zu empfinden..." und warten auf die „Staubwolke" (Liebes-Gefühl).

In der Regel ist es aber so, dass, je länger sie warten, desto schwerer fällt es, auf dem asphaltierten Straßenabschnitt weiterzufahren. Es bereitet Mühe, den Wagen wieder anzulassen. Daher stehen manche Eheleute seit Jahren auf diesem staublosen Wegstück und kommen nicht mehr vorwärts.

Die Lösung heißt: weiterfahren! weiterlieben! Es kommt dann schon wieder ein Wegstück, auf dem es „staubt". Indem ich meinen Partner bewusst weiterliebe, ihm Gutes tue, das Beste für ihn im Auge haben, entzünden sich auch immer wieder Liebes-Gefühle. Jeder Mensch braucht Liebe und reagiert auch auf Liebe, die ihm entgegengebracht wird.

Unser Autofahrer mag nach einem anderen Ausweg suchen. Vielleicht sieht er plötzlich einen fremden Weg, eine fremde Straße, auf der er tatsächlich trockenen Sand entdeckt. Er bricht aus seinem Weg aus und fährt auf der fremden Straße weiter, auf der es dann tatsächlich wieder staubt.

So versuchen manche Ehepartner, aus ihrer Ehe auszubrechen, um bei einer anderen Person wieder „Gefühl" zu erleben. Selbstverständlich sind hier anfänglich solche Verliebtheitsgefühle möglich, aber auch in der neuen Beziehung wird es immer wieder „Wolkenbrüche" geben mit dem Resultat, dass auch hier die Gefühle vergehen. Eine Lösung ist es also nicht, aus der Ehe auszubrechen und „fremd" zu gehen.

Unser Autofahrer kommt nur dann ans Ziel, wenn er lernt, auch ohne Staubwolke auf seiner Straße weiterzufahren.

Jede partnerschaftliche Liebesbeziehung kann nur dann dynamisch und beständig bleiben, wenn die Ehepartner lernen, auch ohne Gefühl zu lieben.

„Ich habe Angst davor, dass ich dann heuchle", wandte nach einem Vortrag eine ernsthafte junge Frau ein, „kann ich tatsächlich sagen: ich liebe dich, ohne das entsprechende Gefühl?" Ja, natürlich, man muss aber auch wirklich lieben - sich für diese Haltung und Handlungen willentlich entscheiden - dann kann man mit Recht und in Wahrheit behaupten: ich liebe dich! - obwohl augenblicklich die „Staubwolke", also das entsprechende Gefühl, fehlt.

Ich kann doch auch zu meiner Frau sagen: „Ich bin dir treu!" Warum kann ich das behaupten? Weil ich mich erstens willentlich dafür entschieden, also eine entsprechende Haltung eingenommen habe, und zweitens, weil ich in meinem Verhalten tatsächlich treu bin. Ob ich jetzt diese Treue augenblicklich auch so empfinde oder nicht, hat auf die Wirklichkeit des tatsächlichen Treuseins keinen Einfluss. So kann ich aufgrund meiner willentlichen Haltung und den entsprechenden Handlungen, indem ich das Beste für den andern suche, auch sagen: „ich liebe dich!" Meine augenblicklichen Gefühle haben auf diese praktizierte Wirklichkeit keinen Einfluss.

„Ich bin aber ausgetrocknet"

Meistens erkennen Ehepartner die Notwendigkeit dieses notwendigen Lernprozesses. Sie versuchen, lieben zu lernen, diese Haltung einzunehmen und entsprechend zu handeln. Doch nun merken sie plötzlich: „Der Geist ist zwar willig, aber das Fleisch ist schwach...", es klappt nicht, sie haben keine Kraft, keine Energie dafür. Man wird schwach und immer schwächer, müde und immer müder beim Versuch, echt lieben zu lernen. Die eigene Kraftquelle ist nämlich sehr schnell erschöpft, und man fühlt sich buchstäblich ausgetrocknet.

Diese Erkenntnis ist notwendig, denn wir brauchen, um wirklich lieben lernen zu können, eine andere Kraftquelle, eine Quelle echter Liebe, die über unser kleines Rinnsal hinausreicht. Diese Quelle findet man in Jesus Christus.

„Gott", so sagt die Heilige Schrift „ist Liebe". Wer durch das Vertrauen auf Jesus Christus mit dieser Liebe in Verbindung gebracht wurde, braucht sich nicht mehr auf seine eigenen Kraftanstrengungen zu verlassen; er kann aus dem unbegrenzten Reservoir der Liebe Gottes schöpfen.

„Also hat Gott die Welt geliebt, dass Er Seinen eingeborenen Sohn gab, auf dass alle, die an Ihn glauben, nicht verloren gehen, sondern ewiges Leben haben" (Joh. 3,16).

An dieser Gegebenheit können wir uns täglich neu erfreuen: Jesus Christus liebt jeden einzelnen von uns so sehr, daß er Sein Leben - auch für mich ganz persönlich - in den Tod gab. Machen Sie sich doch diese gewaltige Tatsache immer wieder bewusst! Der allmächtige Gott hat Sie lieb! Er beweist dies durch eine klare Handlung: Jesus Christus nimmt die Strafe, die Sie und ich verdient hätten, auf sich, damit wir begnadigt werden können. So wertvoll ist jeder Mensch in Gottes Augen!

„Wenn ich nachts in meinem Bett liege, denke ich über dich nach", sagt der Psalmist in Psalm 63, 7ff; „denn du hast mir immer geholfen; ich preise dich, unter deinem Schutz bin ich

sicher und geborgen. Ich klammere mich an dich, und du hältst mich mit deiner starken Hand." Wenn ich mich der ständigen Güte und Liebe Gottes ausliefere, darüber stille werde und nachdenke, wird diese Liebe mein Denken und dann auch mein Empfinden prägen. Ich weiß mich dann grundsätzlich geliebt, in meinem tiefsten Menschsein angenommen - und diese Liebe Christi (nicht ein Gefühl!) kann ich dann weitergeben - vor allem an meinen Ehepartner.

Wie erkenne ich den Willen Gottes?

„Partnerwahl - um Gottes Willen" heißt unser Buchtitel. Ein Christ möchte in seiner Partnerwahl verständlicherweise mit dem Willen Gottes übereinstimmen und keine eigenen Wege gehen. Wie offenbart mir Gott aber seinen Willen? Könnte Er uns Seinen Willen nicht durch einen Traum kundtun, oder einen Propheten oder eine Vision, damit ich ganz klar weiß: ja, das ist mein künftiger Ehepartner, den Gott für mich „aufgehoben" hat?

Gott offenbart uns Seinen Willen zuerst durch sein Wort (die Bibel). Wer die biblischen Prinzipien bezüglich Partnerwahl beachtet, der bringt dadurch Gott gegenüber zum Ausdruck, dass er Seinen Willen beachten möchte. Wer die Wegweisung aus der Bibel demgegenüber missachtet, der missachtet letztlich auch den Willen Gottes.

Ein Christ sollte also Gott um Weisheit bitten (vergl. Jak. 1), um die biblischen Weisungen für seine persönliche Situation anwenden zu können. Gott schenkt dem Bittenden gerne Seine Weisheit bestätigt uns der Jakobusbrief. Weisheit bedeutet praktisch, dass ich meine Gegebenheiten mit den Augen Gottes sehen darf, dass ich gottgemäße Antworten auf meine Fragen finden darf.

Auf dieser Grundlage der biblischen Prinzipien, die wir in den vorangegangenen Kapiteln ausführlich miteinander bedacht haben, darf ein Christ dann um die Führung und Leitung des Heiligen Geistes bitten.

Wenn wir den Text der Brautwerbung Isaaks um Rebekka in 1. Mose 24 lesen, dann fällt uns - außer den biblischen Prinzipien wie z.B. „eine gläubige Frau..." - ein Aspekt noch besonders auf: Die gesamte Partnersuche war eingebettet in Gebet: in Fürbitte, Danksagung und Anbetung!

Dies ist ein äußerst wichtiger Sachverhalt: Bei allem, was wir selbst zu prüfen und zu tun haben, ist es entscheidend, dass wir es in der Abhängigkeit von Gott tun. Und im Gebet stets mit ihm verbunden zu sein, bedeutet ja, sich bewusst in seine Abhängigkeit zu begeben, heißt, nicht selbst Schmied des eigenen Glücks sein zu wollen.

Beten Sie also bereits jetzt für Ihren zukünftigen Ehepartner. Wenn Sie jemanden kennenlernen, beten Sie - damit Ihnen Gott klare Sicht schenken kann und Sie die biblischen Prinzipien zu prüfen vermögen. Danken Sie Ihm auch dafür, wenn er Ihnen durch Sein Wort aufschließt, dass dieser Partner nicht in Frage kommen kann, und seien sie konsequent!

Wenn Sie Gott vertrauen, wenn Sie wirklich glauben, dass er es gut mit Ihnen meint, dann werden Sie - gerade auch in diesem Bereich - gehorsam sein. Und wenn Sie dann eine liebe Frau oder einen lieben Mann gefunden haben - dann beugen Sie Ihre Knie und beten Sie Gott auch dafür an und danken Sie ihm - es ist ein unverdientes Geschenk wenn jemand zusammen mit einem gläubigen Ehepartner dem Herrn nachfolgen darf.

Ein weiterer Aspekt ist die christliche Bruderschaft. Wir sehen im Neuen Testament öfters, dass die Christen den Willen Gottes gemeinsam suchten, sich gegenseitig ermahnten, erbauten und ermutigten. Sprechen Sie also die Fragen Ihrer Partnerwahl auch mit reifen, aufrichtigen Christen Ihrer Gemeinde durch und lassen Sie sich auch von ihnen raten, ermutigen oder ermahnen.

Hüten Sie sich jedoch davor, von Gott eine „besondere Willensoffenbarung" erzwingen zu wollen. Gott hat in Seinem Wort den Weg vorgegeben: *„Sein Wort"* soll unseres *„Fußes Leuchte sein" (Ps. 119,105).* Der amerikanische Seelsorger Jay Adams schreibt dazu:

„Moment mal", werden Sie einwenden, „was ist aber mit den Bibelstellen, die von der Führung durch den Heiligen Geist sprechen? Ist dort nicht ganz klar von einer Führung die Rede, die unabhängig ist vom Wort der Bibel?"

Tatsache ist, dass in den beiden Stellen, um die es hier geht (Röm. 8,14 und Gal. 5, 18+22), nichts dergleichen gesagt wird.

Keiner der Abschnitte hat etwas mit einem Entscheidungsprozeß zu tun. Beide haben, wie sich aus dem vorangehenden
Text ergibt, die *Heiligung* im Blick, d.h. den richtigen Weg zu
gehen durch die Kraft des Heiligen Geistes. Dieser Weg ist nach
Paulus das offenkundige Zeichen für die Rechtfertigung des
Christen (Römerbrief) und das wesentliche Kennzeichen eines
neuen Verhaltens im Gegensatz zur alten Lebensweise (Galater-
brief). Der Christ wird vom Heiligen Geist dazu „getrieben"
(motiviert), die Wege Gottes denen des „Fleisches" vorzuzie-
hen. Diese Texte als massgebend für persönliche Entscheidungen heranziehen zu wollen, hieße, sie falsch zu interpretieren.

Selbst wenn es bei diesen Stellen auch nur entfernt um Führung
im Entscheidungsprozeß gehen würde, wäre damit noch kein end-
gültiger Beweis für eine Führung außerhalb der Schrift erbracht.
Man könnte (und sollte) auch dann noch argumentieren, daß der
Heilige Geist durch sein Wort spricht (Hebr. 10, 15ff.).

Soweit Jay Adams. Wie befreiend für unser Christenleben ist
es doch, wissen zu dürfen, dass uns Gott klare Richtlinien gegeben hat, dass er uns bezüglich seines Willens nicht im unklaren
läßt, sondern uns biblische Prinzipien und Hinweise gibt.

Diese biblischen Richtlinien führen bei der Frage nach dem
Ehepartner bereits zu klaren Entscheidungen: da ist die hübsche
Gabriele, die allerdings nicht gläubig ist... dort lernt man den
seriösen Heiner kennen, der sich aber so um sich selbst dreht,
daß es zu keinem wirklichen Gespräch und innerem Austausch
kommen kann... und hier ist die nette Roswitha, die wohl in den
sonntäglichen Gottesdienst geht, sonst aber keine Zeit für einen
christlichen Dienst hat, da sie nicht bereit ist, auch nur eine ihrer
Liebhabereien (besonders den Hochleistungssport) aufzugeben.

All diese Leute würden - zumindest zu diesem Zeitpunkt -
als Ehepartner für einen ernsthaften Christen ausscheiden.

Die Entscheidung in der Partnerwahl

Angenommen, Sie haben sich Zeit gelassen, geprüft und Gott um Weisheit gebeten. Sie haben bereits Entscheidungen gefällt, und nun stehen Sie vielleicht trotzdem vor mehr als nur einer „Möglichkeit". Was nun? Wir denken, die folgenden Gedanken von Jay Adams (ohne diese verabsolutieren zu wollen) könnten hier dem betroffenen Leser eine Hilfe sein. Der Seelsorger beschreibt die Situation eines jungen Mannes (Herbert), der sich der Sympathie zweier Christinnen (Johanna und Brigitte) erfreuen darf, die beide den biblischen Maßstäben entsprechen:

„Wie soll ich denn nun erkennen, welche von ihnen Gott mir als Frau bestimmt hat?" fragt Herbert. Eine solche Denkweise müssen wir entschieden ablehnen. Man kann den Willen Gottes nämlich aus zwei verschiedenen Perspektiven betrachten. Zum einen können wir in einem endgültigen Sinn sagen, dass Gott will (oder bestimmt), dass etwas geschieht (oder so ist). In diesem Sinne (vergl. Eph. 1,11) können wir auch von einer Frau sprechen, die Gott für Herbert „bestimmt" hat. Es gibt und kann letzten Endes nur *eine* für ihn geben.

Aber wir können noch in einem andern Sinn vom Willen Gottes sprechen, und so gesehen ist Herberts Frage unangemessen. Aus dieser zweiten Perspektive können wir den Willen Gottes in seinen Weisungen sehen, formuliert in den biblischen Geboten. Was Gott *bestimmt* hat (weil es durch ihn geschehen wird), deckt sich nicht unbedingt mit dem, was er uns in allgemeinerer Form durch die Bibel *geboten* hat. Diese Anweisungen sind oft viel weniger spezifisch. Deshalb ist es in solchen Fällen falsch, so zu tun, als wusste man bereits, was Gott von Ewigkeit her bestimmt hat, wenn es *noch nicht geschehen ist*. Nachher kann man jedoch ganz richtig sagen: „Gott hat mir Brigitte und nicht Johanna zur Frau bestimmt. Das weiß ich, weil ich sie geheiratet habe." Vorher kann man aber nur von Gottes Weisungen sprechen.

Sollte tatsächlich kein biblisches Prinzip einer Ehe mit Brigitte oder Johanna im Wege stehen, darf Herbert also davon ausgehen, dass ihm die Wahl freigestellt ist. Es ist, biblisch gesehen, weder falsch noch richtig, die eine oder die andere von beiden zu heiraten (oder keine von beiden).

Gott führt uns nicht immer so weit, dass wir uns noch zwischen falsch und richtig entscheiden können. Bei Gott ist die Fülle. Seine Kinder befinden sich deshalb oft in der beneidenswerten Lage, zwischen zwei oder mehreren richtigen Wegen wählen zu können. Deshalb kann Herbert ebensogut Johanna wie Brigitte heiraten. Beide Entscheidungsmöglichkeiten entsprechen dem Willen Gottes, wie ihn uns die Bibel zeigt.

Christen sind oft in Situationen, in denen es nicht um richtig oder falsch geht. Man muss nicht jedesmal die Bibel zu Rate ziehen, wenn es darum geht, ob man einen blauen oder einen braunen Anzug tragen soll (und vielleicht kommt auch noch ein schwarzer oder ein grauer in Frage). Jeder ist innerhalb der biblischen Prinzipien, die unsere Wahlmöglichkeiten begrenzen und bestimmen (wie z.B. Bescheidenheit), gleichermaßen akzeptabel. Nachdem man die Frage grundsätzlich durchdacht hat, kann man innerhalb dieses Rahmens frei wählen.

Deshalb kann Herbert nicht endgültig vom Willen Gottes sprechen, bevor er sich entschieden hat. Er kann nur allgemein sagen: „Ich erkenne, daß Gott will, daß ich ein Mädchen wie Johanna oder Brigitte heirate."

Es geht nicht um eine Entscheidung zwischen gut und böse, sondern zwischen zwei (oder mehreren) guten Wegen. (Jay Adams in: „Grundlagen biblischer Seelsorge", Gießen 1983)

Liebe und Entscheidungsfreiheit

Worauf Jay Adams oben hingewiesen hat, spielt auch beim Aspekt der „Entscheidungsfreiheit" eine große Rolle. „Ich glaube, Gott hat dich mir zur Frau bestimmt..." wäre demnach *vor der beidseitigen Entscheidung* eine unrichtige Aussage; *nach* der biblisch geprüften und begründeten Partnerwahl-Entscheidung jedoch absolut angebracht.

Das Denken, dass Gott den richtigen und passenden Partner vorherbestimmt hat, findet man nämlich ursprünglich in der griechischen Mythologie (und nicht in der Bibel): Göttervater Zeus bricht dort eine Töpferscheibe entzwei und wirft jede Hälfte an einen anderen Ort auf der Erde. Und nur dann, wenn genau diese zwei Hälften zusammenfinden, würde eine wirklich „passende" Verbindung zustande kommen. Kein Wunder, das „unpassende" Konflikte in der zwischenmenschlichen Verbindung dann auf das grundsätzliche „Nichtzueinanderpassen" geschoben werden.

In der Bibel wird uns dagegen das grundsätzlich „Unpassende" bei jedem einzelnen von uns mit seinen egozentrischen Motiven und seinem ichsüchtigen Verhalten aufgezeigt. „Passend" wird ein Paar dann, wenn durch echte Liebe und auf biblischer Grundlage die Harmonie wächst. Das Entscheidende ist also nicht etwas mythisch „Passendes", sondern die Liebesfähigkeit jedes einzelnen.

Gott zwingt nicht zur Liebe, denn Liebe beruht stets auf Freiheit! Gott zwingt niemanden, eine bestimmte Partnerschaft einzugehen; er überlässt uns die freie Entscheidung. Niemand kann daher im nachhinein Gott anklagen (wie Adam): „Das Weib, das du mir gegeben hast..." Um zu lieben, braucht es einen freien Entschluss, Gott vergewaltigt nicht!

In einer sich entwickelnden Beziehung, in der diese Entscheidungsfreiheit fehlt, sind mit Sicherheit bedenkliche Motive und Absichten vorhanden.

Stellen Sie sich nur einmal vor, es hätte jemand die Fähigkeit, ein Mädchen unter Hypnose derart zu beeinflussen - „Du mußt mich lieben..." - dass das Mädchen diesen heimlichen Befehlen tatsächlich gehorcht. Wäre das echte Liebe? Nein, ganz und gar nicht; denn hier fehlt der Aspekt der Freiwilligkeit, der Entscheidungsfreiheit. Das manipulierte Mädchen würde einer

Marionette gleichen, als willenloser Gegenstand missbraucht. Zwar gehört zur Liebe auch Treue und Verantwortung füreinander, also Bindung. Doch echte Liebe bindet sich nur infolge einer persönlichen, freiwilligen Entscheidung. Die Bindungen der Liebe, das Treueversprechen, die gegenseitige Verantwortung müssen durch eine freie Willensentscheidung zustande kommen und nicht durch Manipulation oder Vergewaltigung.

Psychischer Druck

Diese Entscheidungsfreiheit bewusst einschränken, den anderen gefügig machen zu wollen, ist heutzutage leider an der Tagesordnung (nicht nur im Bezug auf Partnerschaft).

Da erklärt beispielsweise ein junger Mann seiner Freundin: „Wenn du mich verlässt, bringe ich mich um." Der Schmerz und die Angst vor Trennung mögen dem jungen Mann zwar realistisch vor Augen stehen, doch seine Reaktion darauf weist auf ein liebesunfähiges, selbstsüchtiges und vergewaltigendes Wesen hin.

Solch einem Druck sollte sich ein Partner niemals beugen; denn bereits vom Ansatz her widerspricht eine solche innere Einstellung den Prinzipien echter Liebe.

Religiöser Druck

Ein ähnlicher Druck kann auch durch vermessene „religiöse" Behauptungen entstehen, z.B. „Vor Gott wurde mir klar, daß Er uns zusammengefügt und füreinander bestimmt hat..." Und (so der unausgesprochene Hinweis weiter) der andere solle sich gefälligst dem Willen Gottes beugen. Hier wird jedoch in sträflicher Weise versucht, einen „religiösen Druck" auszuüben, um sich den andern gefügig zu machen. Der lebendige Gott läßt sich jedoch nie vor den Karren menschlicher Eigeninteressen spannen, geschweige denn für unlautere, vergewaltigende Absichten mißbrauchen. Genausowenig wie echte Liebe mit Zwang und Vergewaltigung vereinbar ist, genausowenig ist Gott mit religiösem Psychoterror vereinbar, auch wenn sich dieser in den Mantel geistlicher höherer Einsichten kleidet.

Entscheidungsfreiheit zu haben bedeutet auch, genügend Zeit zu haben, um den andern überhaupt richtig kennenzulernen. Man kann sich nicht richtig entscheiden, wenn man keine Gelegenheit hatte, die verschiedenen Bereiche einer Beziehung kennenzulernen. Wie kann ich wissen, ob ein persönlicher Gedankenaustausch zur Harmonie oder zum Chaos führt? Wie kann ich mich bewusst dazu entscheiden, den anderen zu lieben, so wie er grundsätzlich ist, wenn ich gar keine Ahnung davon habe, welchen Charakter, welches Wesen er überhaupt besitzt, was er denkt, plant und für sein Leben beabsichtigt?

Sexueller Druck

Hier wird eine weitere Gefahr der sexuell aktiven „Bekanntschaft" deutlich: Wer sexuell „süchtig" nach seinem Partner verlangt, hat nicht mehr die Möglichkeit, sich objektiv und gelassen über dessen Denken und Meinungen zu informieren, ihn in seiner inneren Haltung richtig kennenzulernen. Nun geben der Körper und die Erotik die entscheidenden Befehle. Ein Prüfen der Partnerschaft ist daher wohl nicht mehr möglich.

Meistens kommt noch dazu, dass je mehr sich zwei befreundete Menschen körperlich miteinander befassen, desto weniger werden sie sich Zeit dazu nehmen, über Grundsatzfragen des Lebens miteinander zu sprechen, Gedankenaustausch zu pflegen, sich als Persönlichkeiten kennenzulernen. Die gegenseitige Anziehung wird dann vor allem durch sexuell aufgeheiztes Verlangen, durch erotische Sehnsüchte gespeist, statt durch ein verständnisvolles Miteinander und eine harmonische Gemeinschaft. Wenn man erst später in der Ehegemeinschaft merkt, dass außer sexueller Anziehungskraft nur wenige Gemeinsamkeiten vorhanden sind, ist es schon zu spät, denn man hat ja bereits gewählt.

Erwartungsdruck

Ein Erwartungsdruck, unter den man sich selbst bringt, vernebelt ebenfalls die klare Schau und macht ein gesundes Prüfen unmöglich. Wir hatten schon vom „Dornröschen-Syndrom" gesprochen. Der andere wird als Lösung, als Antwort auf alle Fragen und Probleme des persönlichen Lebens angesehen. Man meint, ohne ihn nicht mehr leben zu können. Sicherlich stellt man sich dann auch keine kritische Fragen mehr, wenn man einen andern als absolute Lebensnotwendigkeit für sich ansieht.

Es ist ganz normal und verständlich, dass ein Ertrinkender einen zugeworfenen Rettungsring ergreift und nicht erst lange Fragen stellt, denn er ist davon überzeugt, dass dieser Rettungsring für ihn lebensnotwendig ist. Wenn nun aber bei einem Menschen ein anderer Mensch zum „Rettungsring" wird, wenn man davon überzeugt ist, nur mit dieser Person zusammen könne das Leben Sinn und Erfüllung haben, dann wird jegliches nüchterne und ehrliche Prüfen unmöglich.

Wer sich also in irgendeine Art seelischen, religiösen oder sonstigen Drucks begibt, wird von der Basis her kaum Weisheit haben können, den Willen Gottes erkennen zu können. Möge Gottes Weisheit jedem Betroffenen hier die Augen öffnen, damit er heimlich vergewaltigende Druck-Mechanismen erkennt und sich davon distanziert.

Biblische Partnersuche

Partner-Suche? Soll ein Christ sich einen Ehepartner nicht einfach von Gott schenken lassen? Ist bewusstes Suchen nicht ein Ausdruck von Misstrauen in die Führung Gottes? Hat sich nicht auch Adam passiv verhalten und doch seine Eva bekommen? So und ähnliche Fragen werden unter Christen immer wieder erörtert. Beim näheren Hinsehen wird man jedoch feststellen, dass auch bei der Frage der Partnersuche das Wort Gottes viel praktischer und realistischer ist, als manch geistlich scheinende Idee oder Meinung, die man zum Ausdruck bringt.

So muss man - um eine Aussage aus den obigen herauszugreifen - bei Adam und Eva folgendes beachten: Obwohl wir von der Wahrheit der Erschaffung der ersten Menschen durch den allmächtigen Gott überzeugt sind, ist es nicht erlaubt, aus biblischen Geschehnissen eine Dogmatik erstellen zu wollen. Das Zusammenkommen von Adam und Eva war in bezug auf Gottes Handeln ein einmaliges besonderes Ereignis (wie auch die Vertreibung aus dem Paradies). Genauso einmalig war die Brautwerbung eines Jakob, der für seine Rahel tatsächlich zuerst jahrelang bei seinem künftigen Schwiegervater arbeiten musste. Welche Dogmatik könnte man hier wohl ableiten wollen?! Nein, geschilderte Ereignisse dürfen wir nicht dogmatisieren, aber wir dürfen uns überlegen, welche biblische Prinzipien ihnen zugrunde liegen!

Die Basis für eine biblische Partnersuche sollte sicherlich das Vertrauen auf die Vollkommenheit der Wege Gottes sein. Er sagt den Seinen: „Ich will dich nicht verlassen noch versäumen" (Hebr. 12,5) - mit oder ohne Ehepartner will Er die Grundlage unseres Lebens sein. Er will uns Geborgenheit, Angenommensein und Wert schenken und verleihen. Biblische Partnersuche sollte also damit beginnen, dass wir unserem Schöpfer und Erlöser neu unser Vertrauen darin aussprechen, dass wir bei Ihm nicht zu kurz kommen werden, dass ein Leben mit Ihm auf jeden Fall sinnvoll ist - mit oder ohne Ehepartner. Mit Paulus kann jeder Alleinstehende triumphierend ausrufen: „Was wollen wir nun hierzu sagen? Ist Gott für uns, wer mag wider uns sein? Welcher sogar seines eigenen Sohnes nicht verschont, sondern ihn für uns alle dahingegeben hat, wie sollte er uns mit ihm nicht auch alles schenken?" (Röm. 8,31-32).

Die Praxis der Partnersuche

Naheliegenderweise werden sich zwei junge Christen am besten im gemeinsamen Dienst in derselben christlichen Gemeinschaft kennenlernen. Man lernt die Art und Weise des andern schätzen, weiss um seine Vorstellungen, um seinen Einsatz, um seine Stärken und Schwächen. Man findet ihn immer sympathischer und erlebt dann, dass diese Sympathie erwidert wird. Während dieses Kennenlern-Prozesses können in fast idealer Weise die in den letzten Kapiteln erläuterten biblischen Prüf-Kriterien angewandt werden.

Auch im Rahmen von christlichen Freizeiten oder Reisen können andere Christen kennengelernt und Freundschaften aufgebaut werden (über die entsprechenden Gefahren, vor allem von Äußerlichkeiten her zu reagieren, haben wir schon gesprochen!)

Manche geben auch „Heiratsanzeigen" in Zeitschriften oder Zeitungen auf. Dabei ist zu beachten, dass die Anzeigentexte kaum jemals etwas Konkretes aussagen und sehr breit gefächert sind. Sie lassen Wesentliches außer acht. Wollte man verantwortlich vorgehen, müsste man jedem Schreiber viele detaillierte Fragen stellen, um dann erst einmal zu entscheiden, ob man in einen weiteren Briefkontakt treten möchte oder nicht. Diese ganze Arbeit der Prüfung grundsätzlicher Kriterien, Aspekte und Fragestellungen leistet kaum ein Inserent und so besteht die große Gefahr sehr schnell mit einem „Heiratswilligen", der jedoch nicht einmal die Grundkriterien eines möglichen Partners erfüllt, in persönliche Verbindung zu treten. Was wir als Christen jedoch völlig ablehnen müssen, sind Partnerschaftsempfehlungen aufgrund von astrologischen Persönlichkeitsprofilen und anderen okkulten Partnerschaftsanalysen.

Ablehnen sollten wir auch die christlich getarnte „Zeichendeuterei". Man bittet dabei Gott um ein „Zeichen". Aufgrund dieses Zeichens „weiß" man dann (ohne biblisch zu prüfen!) von vornherein, ob dieser oder jener der richtige Partner sein wird. Solcherart Zeichen zu fordern ist jedoch unbiblisch und gefällt Gott nicht. Das „ungläubige Geschlecht" fordert im NT „Zeichen" (Matth. 16,4; Matth. 12,39; 1. Kor. 1,22). Als neutestamentliche Christen sollen wir keine Zeichendeuterei als Wegweisung annehmen, sondern auf Gottes Wort und Führung durch den Heiligen Geist achten, besonnen, nüchtern und glaubend auch diese Bereiche unseres Lebens unter Gottes Autorität stellen.

Es gibt nun Gemeindesituationen, in denen für den einen oder anderen Christen einfach kein Partner vorhanden ist, der ihm entsprechen würde. Und es gibt Christen, die sehen es nicht als ihren Weg an, auf Freizeiten vor allem nach einem potentiellen Ehepartner Ausschau zu halten. „Ich bin in der Gemeindearbeit und beruflich stark engagiert, und es ist mir viel zu oberflächlich und auch zu uneffektiv, auf Freizeiten nach meiner künftigen Ehefrau Ausschau zu halten", schrieb mir ein etwa 35jähriger gläubiger Rechtsanwalt, der im Rahmen seiner Kirchengemeinde auch noch keine Ehefrau gefunden hatte. Er entschloss sich daher, nach der „Art Abrahams vorzugehen", wie er sich ausdrückte.

Abraham sandte seinen Knecht Elieser aus, um für Isaak eine Frau zu suchen. Elieser (der erste biblisch belegte „gläubige Partnervermittler") bekam ganz klare Vorgaben von Abraham: nicht aus den Heidenvölkern sollte die zukünftige Ehefrau kommen, sondern nach einer Tochter aus dem Haus Israels sollte Elieser Ausschau halten. Und Elieser kam diesem Auftrag nach: unter Gebet und Bitte um Gottes Leitung und Führung fand er tatsächlich eine Frau, die ihr freiwilliges „Ja-Wort" dazu gab, mit Elieser zu ziehen: Rebekka.

Weder Abraham noch Elieser wurden aus Mißtrauen Gott gegenüber aktiv (ganz im Gegensatz zu jener Situation, als Abraham mit seiner Magd seinen Nachkommen zeugte). Die ganze Geschichte in 1. Mose 24 ist ein Beispiel von vertrauensvollem Handeln in der Abhängigkeit von Gott; ein Beispiel von gesegneter Aktivität, an deren Ende wahrhaftige Anbetung stand!

So nehmen auch heute Tausende von entschiedenen Christen die Hilfe christlicher Partnervermittlungen in Anspruch, um so jenen Menschen zu finden, mit dem man durch Freud und Leid gehen möchte, bis „dass der Tod uns scheide..."

Durch die Inanspruchnahme eines Partnerschaftsdienstes schränkt man daher grundsätzlich nicht das Handeln Gottes ein, denn die Bibel zeigt uns ja, dass wir den Willen Gottes aus seinem Wort erkennen können. Wenn christliche Partnervermittler daher nach biblischen Prinzipien vorgehen, Kriterien einer christlichen Partnerschaft beachten und daraufhin Kontakte ermöglichen, bieten sie einfache Handreichung dar - Gott hat dabei nach wie vor das „letzte Wort" und der Partnersuchende nach wie vor die Verantwortung der individuellen Prüfung und Entscheidung.

Bei unserer Berufswahl wägen wir ja ebenfalls ab, informieren uns, fragen nach dem Willen Gottes, führen „Vorstellungsgespräche". Niemand käme auf die Idee, zu warten, bis plötzlich ein Brief mit einem persönlichen konkreten Stellenangebot ins Haus flattert. Das wäre ein unbiblisches „Hände in den Schoss legen" und eine Forderung an Gott, nach der von uns gewünschten Art und Weise zu handeln. Weit wichtiger als die Berufswahl ist aber die Entscheidung für einen Ehegefährten. Sollte man hier nicht um so weniger die „Hände in den Schoss legen", mit „Zufallsbekanntschaften" rechnen oder von Gott erwarten, dass er auf jeden Fall einen Lebensgefährten „zu servieren" hat?!

„Elieser-Dienste" oder christliche Partnervermittlungen

Konfessionelle und innergemeindliche „Elieser-Dienste" gibt es wohl schon seit Abrahams Zeiten. Manche Gemeindeleitungen hatten es sich auch immer wieder zur Aufgabe gemacht, alleinstehenden Gemeindegliedern praktische Hilfe zu geben und sich um Vermittlung mit Gleichgesinnten zu bemühen. Der erste überregionale und überkonfessionelle christliche Partnerschafts-Dienst, der ausschließlich entschiedene Christen, also Menschen mit einer persönlichen Beziehung zu Jesus Christus, angesprochen hat, war der cpd (Christlicher Partnerschafts-Dienst), der im Jahre 1985 in der Schweiz von Iris und Walter Nitsche zusammen mit einigen gleichgesinnten Glaubensgeschwistern gegründet wurde. Der cpd arbeitet nicht gewinnorientiert und nimmt nur gläubige Mitglieder auf, was von vornherein die Art der Teilnehmer positiv einschränkt. Heute befindet sich die Vermittlungszentrale (mit mehreren Mitarbeitern und mehreren tausend Teilnehmern) für alle deutschsprachigen Länder in Süddeutschland. Inzwischen haben bereits rund 1000(!) gläubige Christen geheiratet, die ihren Ehepartner durch den cpd gefunden haben. Die Berichte und Zeugnisse dieser Ehepaare aus den verschiedensten Gemeinden (auch in etlichen christlichen Zeitschriften und Radiosendungen veröffentlicht) legen eindrücklich davon Zeugnis ab, wie Gott den cpd gebraucht, um Ehepaare zusammenzuführen.

Unverbindliches und kostenloses Informationsmaterial können Sie unter dem Stichwort „info 02" anfordern bei:
cpd, Glockwiesenstr. 5, D-75217 Birkenfeld
(Tel. 07231/472164, Fax: 07231/472163 oder Email: zentrale@cpdienst.de)
In einigen Städten sind auch regionale cpd-Beratungsstellen entstanden bzw. am entstehen.

Tips zu Partnervermittlungen

Nicht alles, was sich „christlich" nennt verdient auch dieses Attribut. Hinter mancher „christlichen" Ehevermittlungs-Agentur verbirgt sich ein genauso unseriöses Treiben wie in vielen säkularen Partnervermittlungen, bei denen nach einer Studie, die im Auftrag eines Genfer Professors in Deutschland, Frankreich und der Schweiz durchgeführt wurde, „80% unseriös arbeiten" (Zitat). Dabei hat man neben anderen „Tricks" bezahlte, attraktive Leute im Dienst, die sich als „partnersuchend" ausgeben und sich von Agentur-Mitgliedern zum Essen einladen lassen - um dann (nach der Erkenntnis: „Sie sind nicht mein Typ") die „Vermittlungsgebühren" von oft über 5000.- DM einzustreichen, ohne dass jemals auch nur eine geringe Chance für eine erfolgreiche Vermittlung bestanden hatte.

Übrigens: zur Zeit des Druckes dieses Büchleins ist die DM als Währung neben dem Euro noch gültig und vermittelt noch einen besseren „Wert-Begriff", so dass wir alle Angaben bewusst noch in DM machen. In der Schweiz sind die Preisverhältnisse bei den Partnervermittlungen ähnlich wie CHF:DM = 1:1.

Zugegeben, die Anzeigenwerbungskosten für Partnervermittlungen sind enorm. Und seriöse Partnervermittlungen, die gründlich werben, sehen sich oftmals mit Recht außerstande, Vermittlungsgebühren unter 3000.- DM zu kalkulieren. Das wäre ja auch nicht viel für einen „passenden" Ehepartner, wenn... ja wenn man überhaupt jemand Seriösen kennenlernen würde!

Kosten

Und hier sind wir bereits beim Thema der Gebühren. Unterscheiden müsste man dabei, ob es sich um eine stark überregional arbeitende Partnervermittlung ohne persönliche Betreuung durch ein örtliches Büro handelt (Korrespondenzsystem) oder um eine mehr regional orientierte Agentur, bei der durch die persönlichen Gespräche und Beratungen vor Ort weitaus höhere Kosten entstehen.

Eine seriös arbeitende überregionale Partnervermittlung wird ständige Anzeigenwerbung durchführen. Diese ist absolut notwendig, damit der Mitgliederkreis umfangreich und damit effektiv bleibt. Sie wird auch fähige Mitarbeiter mit einem durchschnittlichen Gehalt angestellt haben. „Hobbyvermittler", die ihre Arbeit nur „nebenbei" erledigen oder Tipisten, die nur ein Computerprogramm bedienen sind ebenso wenig zielorientierte Partnervermittler wie ein Ein-Mann-Betrieb, bei dem der Partnervermittler auch „Mädchen für alles" sein möchte. Beide werden kaum effektiv und erfolgreich arbeiten können.

Bei einer seriös arbeitenden überregionalen Partnervermittlung werden Sie realistischerweise zwischen 1500.- und 3000.- DM an Gesamtgebühren entrichten müssen (wobei diese Gebühren als gesamthaft günstig einzustufen wären). Eine christliche Partnervermittlung, die zwar effektiv, aber aus Glaubensgründen nicht gewinnorientiert arbeitet, könnte sogar Gesamtgebühren von nur 1000.- bis 2000.- DM kalkulieren.

Besonders vorteilhaft ist es, wenn eine Partnervermittlung zwischen Teilnahmegebühren und Erfolgsgebühren unterscheidet, wobei die Erfolgsgebühren nur fällig werden, wenn es zur verbindlichen Partnerschaft, also zur Verlobung oder Hochzeit kommt. Wenn eine Partnervermittlung dagegen mit dem Hinweis „ohne Erfolgshonorar" wirbt, dann mag dies zwar gut klingen, in der Praxis heißt dies jedoch: die Partnervermittlung lebt „nur" von den Teilnahmegebühren, völlig egal, ob die Bemühungen tatsächlich zu einer Ehe führen oder nicht. Hat jedoch eine Partnervermittlung Erfolgshonorare mit einkalkuliert, hat sie sich normalerweise auch unter einen gesunden Druck gebracht, wirklich engagierte, gezielte und vielversprechende Kontaktvorschläge zu unterbreiten: es sollen sich ja (auch wirtschaftlich gesehen) „passende" Mitglieder kennenlernen und nicht nur Teilnehmer mit irgendwelchen „Kontaktaufnahmen" zufriedengestellt werden. Aus diesem Grund würde ich mich sogar bei völlig gleichen Teilnahmegebühren für jene Partnervermittlung entscheiden, die zusätzlich noch ein Erfolgshonorar bei Eheschließung verlangt.

Tips für Christen

Für den Dschungel der Partnervermittlungen möchten wir Christen zum Schluß jedoch noch folgende Anhaltspunkte als Empfehlung weitergeben:

1. Wenden Sie sich nur an eine christliche Partnervermittlung. In einer allgemeinen werden Sie kaum wirkliche Christen als Partnersuchende kennenlernen.

2. Prüfen Sie, ob die Partnervermittler wirklich entschiedene Christen sind: es gibt „christliche" Partnervermittler, die selbst keine Ahnung davon haben, was eine persönliche Beziehung zu Jesus Christus bedeutet... meiden Sie diese!

3. Fragen Sie bei einer christlichen Partnervermittlung aber auch nach den bisherigen „Erfolgen": Lassen Sie sich Berichte und Hochzeitsbilder mit Namen und Adresse vorlegen, damit Sie prüfen können, ob die Partnervermittlung tatsächlich „erfolgreich" arbeitet. Eine christliche Partnervermittlung, die mir sagen würde: „wir haben viel Erfolge, aber wir dürfen die nicht zeigen..." würden wir unser Vertrauen nicht schenken. Erfolgreich vermittelte Paare sind in der Regel sehr froh und dankbar für die Vermittlungsdienste und viele davon (wenn auch nicht alle) gerne bereit, entsprechende Zeugnisse abzulegen.

4. Erkundigen Sie sich, wie lange die Partnervermittlung schon existiert. Es entstehen auch immer wieder „neue christliche" Vermittlungen - und nach einer gewissen Zeit existieren Sie nicht mehr (wieviel seelisch und wirtschaftlich enttäuschte Mitglieder sie wohl dabei zurücklassen...?)

5. Erkundigen Sie sich nach der Anzahl der Teilnehmer. Eine Mitgliederzahl unter 1500 aktiven Partnersuchenden ist kaum dafür geeignet, dem einzelnen statistisch gesehen eine reelle Chance zu bieten, einen geeigneten Ehepartner zu finden.

6. Beachten Sie, ob die Partnervermittlung auch ehrlich zu ihren Schwierigkeiten steht (schwerer vermittelbar sind z.B. ältere Damen) oder ob sie generelle Versprechungen macht (ein „Versprechen auf Erfolg" sollten Sie grundsätzlich als unseriöses Kriterium werten!)

7. Prüfen Sie, ob das Preis-/Leistungsverhältnis realistisch ist, d.h. misstrauen Sie Gebührenforderungen über 3000.- DM

und misstrauen Sie ebenso sehr günstigen Gesamtgebühren von nur ein paar hundert DM. Oder würden Sie einen Gebrauchtwagen kaufen, der angeblich „unfallfrei, nur 5000 km auf sich hat und im tadellosen Zustand 180 km/h fährt" und nur 700.—DM kosten soll? Ich würde damit nicht einmal probefahren! So sind auch die angebotenen supergünstigen „Vermittlungsbemühungen" (nicht die Mitglieder!) zu sehen.

8. Vorsicht vor „Monats-Beiträgen". Natürlich ist es werbewirksamer, niedrige Monats-Beiträge anzubieten, da biblische Partnersuche aber keine „Kontakt-Börse" ist, braucht dies Zeit: Zeit zum Kennenlernen, Zeit zum Prüfen, Zeit zum Beten, Zeit um Harmonie zu erleben. Nehmen Sie sich - auch den finanziellen Druck - indem Sie Jahres- oder Zwei-Jahres-Vereinbarungen abschließen. (In den meisten Fällen erweisen sich diese sowieso als die günstigeren.)

9. Erkundigen Sie sich, ob die christliche Partnervermittlung auch in der christlichen Öffentlichkeit transparent ist. Werden Tagungen, Vorträge oder Seminare veranstaltet? Kann man die Verantwortlichen oder Mitarbeiter dabei persönlich kennenlernen? Kennt man ihre Namen?

10. Interessieren Sie sich für die Grundlagen der christlichen Partnervermittlung. Werden biblische Zielvorstellungen geäußert? Sieht die Partnervermittlung mehr nach einer „Privatinitiative Einzelner" aus oder gibt es einen Trägerkreis, zu dem mehrere „gestandene" und bewährte Christen gehören?

„Herr, zeige mir deine Wege
und lehre mich deine Pfade;
leite mich durch deine Wahrheit und lehre mich;
denn du bist der Gott meines Heils;
auf dich harre ich allezeit!"
Ps. 25, 4+5